W0084553

Billi Trifos

Die Weine
aus dem Elsass

FALKEN

Sabine Rumrich
Ingo Swoboda

Die Weine
aus dem Elsass

Weinland im Schnittpunkt der Kulturen

Seit über tausend Jahren
zählt das Elsass zu den
wichtigsten europäischen
Weinbauregionen. Eine
Tradition, die Spuren hinter-
lassen hat.

Seite 8

Der Weg zum Wein Ihrer Wünsche

Die Vielfalt der Elsässer
Weine, und wie die Wahl
nicht zur Qual wird.

Seite 14

Die Weintypen des Elsass

Das Elsass ist eine der
wenigen Weinbauregionen,
die ihren alten Rebsorten-
traditionen die Treue halten.

Seite 38

**Karte des Elsässer An-
baugebietes**

Seite 40

Das Elsass: wo Genießen Tradition hat

Bereits seit den Siebzigerjahren sind die Deutschen begeisterte Elsass-Reisende. Viele kommen für ein verlängertes Wochenende, einige nur für einen Tag, doch alle mit dem gleichen Ziel: zu genießen. Und das ist in meiner Heimat überall möglich. Unzählige Restaurants und Weinstuben bieten kulinarische Genüsse für jeden Geldbeutel und jeden Geschmack. Lokale Spezialitäten wie Flammeküeche, Baeckeofa, Choucroute garni oder Pâté de foie gras finden ihre passende Ergänzung in den Weinen der Region.

Der Wein ist für die Besucher meiner Heimat nicht nur eine positive Begleiterscheinung, sondern einer der Hauptreisegründe. Entlang der Route des Vins d'Alsace, die sich auf mehr als 170 Kilometern von Nord nach Süd schlängelt, liegen zahlreiche Weindörfer mit einer Vielzahl an Weingütern, die zur Weinprobe einladen. Hier kann man die Weine der Gegend probieren, mit den Winzern diskutieren, ihre Arbeit im Weinberg kennenlernen oder einfach nur den Lieblingswein kaufen.

Ich würde mich freuen, wenn Ihnen dieses Buch als kleine Anregung für Ihre nächste Elsass-Reise dient, und Sie sich ein Bild von der Vielfältigkeit der Region und ihren Weinen machen können.

Stéphane Gass
Elsässer und Sommelier im Hotel Traube-Tonbach,
Baiersbronn

Weinland im Schnittpunkt der Kulturen

Die bewegte Geschichte des Elsass ist immer auch die Geschichte des Weines: ein ständiges Auf und Ab in einem Grenzland, das noch bis ins 20. Jahrhundert Zankapfel zwischen Frankreich und Deutschland war. Erst nach 1945 hat das Weinland Elsass zu einer neuen Identität und zu einer konsequenten Qualitätspolitik im Weinbau gefunden.

Was schon den Römern vor rund 2000 Jahren auffiel, als sie mit ihren Heeren die Rhône aufwärts durch die burgundische Senke ins Elsass kamen, kommt dem Weinbau in der alten Kulturlandschaft bis heute zugute: das relativ milde, halbkontinentale Klima im Schutz der Vogesenhügel, das eine langsame und verlängerte Reifung der Trauben und eine Bodenzusammensetzung von Granit oder Kalkstein, bis zu Gneis, Schiefer und Sandstein ermöglicht, der sich besonders für den Rebanbau eignet. Die Weinkultur, die das Elsass wie kein zweites Phänomen prägt, etablierte sich unter römischer Herrschaft. Ausgrabungen weisen darauf hin, dass der Rebbau bereits im 1. Jahrhundert n. Chr. im Elsass heimisch war. Schon im 2. Jahrhundert fuhren Schiffe, beladen mit Fässern voller Elsässer Wein, über Rhein und Mosel und knüpften erste Handelsbeziehungen mit den übrigen römischen Provinzen.

Bedeutendste deutsche Weinbauregion
Auch die Umwälzungen und Wirren der Völkerwanderung brachten nur einen vorübergehenden Niedergang des Weinbaus, konnten aber die langsam entste-

Traditionsgüter:
Lucien Albrecht (oben)
Weinhaus seit 1772

Hugel & Fils (Mitte)
Weinhaus seit 1639

Zind-Humbrecht (unten)
Weinhaus seit 1658

Links: Die Weinlese ist im Elsass zur eigenen Jahreszeit geworden.

hende Weinwirtschaft nicht verdrängen, im Gegenteil. Germanische Stammesgesetze wie die »Lex Salica« sahen für die Tötung eines Winzers das doppelte Strafgeld vor wie für die Tötung eines gemeinen Bauern. Ein eindrucksvoller Beweis für die hohe Wertschätzung, die man diesem Überbleibsel der römischen Kultur entgegenbrachte und die Grundlage für eine stetige Weiterentwicklung des Elsass als Weinbauregion. Noch vor der ersten Jahrtausendwende mauserte sich das Reichsland zu einer der wichtigsten Weinbauregionen im alten Europa. Bereits im Jahr 825 wurde der erste deutsche Weinmarkt in Straßburg abgehalten, und um 900 waren bereits mehr als 160 elsässische Orte und Flure bekannt, an denen Wein angebaut wurde.

Die Idylle trügt: Von Mai bis September ist im Elsass Hochsaison.

Adel und Klerus beherrschen den Weinbau

Im Mittelalter war der Weinbau, der die Technik und Ziehweise des römischen Anbaus übernahm, weitgehend in der Hand des grundbesitzenden Adels und der Kirche. In Klöstern und Stiften pflegte man die Weinkultur und leistete damit auch einen wichtigen Beitrag zur Entwicklung von Verwaltung und Wirtschaft im Mittelalter. Die erste Weinbauordnung, die die Arbeiten im Weinberg regelte, stammt aus der Mitte des 12. Jahrhunderts, ab dem 13. Jahrhundert wur-

den nachweislich Muskateller, Riesling und Traminer angebaut. Da die Mönche die Bewirtschaftung der Ländereien nur bis zu einem gewissen Belastungsgrad erfüllen konnten, übernahmen unfreie Klosterleute, die so genannten Eigenhuber, die Arbeiten im Keller und auf dem Feld, oder die Weinberge wurden gegen Pacht vergeben. Alle aber waren den Lehnsherren, die das Land vom König als ursprünglichen Besitzer allen Landes erhalten hatten, zum Frondienst verpflichtet. So konnte zum Beispiel das Kloster Murbach zur Weinlese eine Person aus jedem Haus im Belchental heranziehen. Erst mit der Französischen Revolution wurden die Bauern von dem Zehnten befreit, den sie in Naturalien an die Kirche abzugeben hatten, und der für den Klerus eine außerordentlich lukrative Einnahmequelle darstellte. Nicht selten nahm man für den »Zehnten« die schlechtesten Trauben eines Jahrganges, und die zusätzliche Weinsteuer nannte man im Volksmund »Ungeld« oder »Böspfennig«.

Weinland heißt reiches Land

Zur größten Blüte kam der Weinbau im Elsass im 15. und 16. Jahrhundert mit einer Ausdehnung von 30 000 Hektar. Zum Vergleich: Heute werden noch 14 400 Hektar bewirtschaftet. Zu dieser Zeit genoss der elsässische Weinbau internationale Anerkennung, die Weine wurden bis nach England und Skandinavien exportiert. Die herausgeputzten Städtchen mit ihren prachtvollen Renaissancebauten, großzügigen Winzer-

Das Land der Weinberge: Ein Ausflug in die Gegend um Bergheim.

2000 Jahre elsässischer Weinbau

1. Jh. n. Chr.: Die Römer beginnen mit dem Weinbau in der Ebene und auf den Hügeln
Um 900: in 160 Orten werden Weinberge kultiviert
Mitte 12. Jh.: Erste Weinbauordnung, die die Arbeiten im Weinberg regelt
15. Jh.: Die Rebfläche wächst auf 30 000 Hektar, Adel und Klerus beherrschen Weinbau und Handel
Bis zum Beginn des 17. Jh. ist das Elsass die bedeutendste deutsche Weinregion
1904: Die Reblausplage erreicht die elsässischen Weinberge
1911: Gründung des Elsässer Winzerverbandes
1962: Anerkennung der AOC Alsace
1975: AOC Alsace Grand cru
1976: AOC Crémant d'Alsace

höfen und romantischen Gassen zeugen noch heute vom einstigen Selbstbewusstsein und Wohlstand der Winzer. Allein in Colmar war fast die gesamte Bürgerschaft mit dem Weinbau beschäftigt, man schloss sich in Zünften zusammen, und nicht selten war die Winzerszunft die mächtigste und einflussreichste der ganzen Stadt.

Krieg und Pest bedrohen den Weinbau

Der Rückgang der Anbaufläche begann erst mit dem Dreißigjährigen Krieg, der auch im Elsass zu erheblichen Verwüstungen von Stadt und Land führte und am Ende fast den gesamten Weinbau lahmlegte. Auch der schwarze Tod, die Pest, ging nicht spurlos am Elsass vorüber und brachte in weiten Teilen des Landes die wirtschaftlichen Aktivitäten vollends zum Erliegen. Nur langsam erholte sich der Weinbau von den Kriegsschäden und dem Aderlass in der Bevölkerung, aber die einstige Bedeutung konnte man zunächst nicht wieder erlangen. Im 18. Jahrhundert wurde in den verbliebenen Weinbergen fast jede Rebsorte angebaut, darunter auch solche mit lustigen Namen wie Räuschlinger, Roter Hinsch, Zotteltraube und Gänserfüll. Erst Anfang des 19. Jahrhunderts stieg die Anbaufläche wieder an, und 1828 wurden bereits 30 000 Hektar registriert. Das führte zu einer fatalen Überproduktion von Wein bei einem gleichzeitigen Verbrauchsrückgang zugunsten von Bier. Bis 1948 schrumpfte die Anbaufläche auf nur noch rund 9500 Hektar. 1904 erschütterte die Reblausplage das Weinbaugebiet, der man erst allmählich Herr wurde: Das Elsass wurde vor dem Exodus im Weinbau bewahrt.

Elsässer Weine werden immer in der schlanken Elsass-Flasche angeboten. Auch typisch: das charakteristische Glas.

Weinregion im Umbruch

Nach dem Ersten Weltkrieg, in dessen
Folge das Elsass nach 1871 wieder zu
Frankreich kam, und damit zunächst
die deutschen Absatzgebiete wegfielen,
begann für den elsässischen Weinbau
eine neue Ära und der langsame Auf-
stieg in die Qualitätsspitze. Unter dem
Konkurrenzdruck aus den anderen
französischen Weinbauregionen, kon-
zentrierten sich die Elsässer Winzer auf
die wenigen, im Prinzip noch heute angebauten Rebsorten, die dem hiesigen
Klima und Boden am besten angepasst
sind. Die Entscheidung für die Erzeugung von Qualitätsweinen und gegen
die Massenproduktion führte zur Auf-

Der Weinbau ist allgegen-
wärtig: hier als Motiv für einen Brunnen in Kientzheim.

gabe des Anbaus in der Ebene, während
die besten Weinberge auf den Hügeln ihre traditionel-
le Bedeutung behielten. Seit 1945 wurde diese konsequente Qualitätspolitik mit der Begrenzung der Anbaufläche und der Festlegung von strengen Regeln für
Weinbau und Weinerzeugung manifestiert. Vom Nationalen Institut für kontrollierte Herkunftsbezeichnungen (INAO) bekam das Elsass im Jahr 1962 die
Qualitätsbezeichnung AOC, »Appellation d'Origine
Contrôlée«, zuerkannt. Es folgten 1975 die Appellation
»Alsace Grand cru« und 1976 die Appellation »Crémant d'Alsace«. Die bedeutendsten Fachverbände, wie
die Vereinigung der Winzer, der Verband der Erzeuger-
Großhändler und die Vereinigung der Winzergenossenschaften sind heute unter dem Dach des Conseil
Interprofessionnel des Vins d'Alsace, CIVA, zusam-
mengefasst und arbeiten gemeinsam am Qualitäts-
image des Elsässer Weinbaus.

Steckbrief der Weinwirt-
schaft

14 400 ha Rebfläche
ca. 6100 Winzer, von denen
2000 über eine Anbaufläche
von mindestens 2 ha verfügen und 85 % der Gesamt-
fläche bearbeiten
Nur etwa 1100 Erzeuger
vermarkten ihren Wein in
Flaschen an den Endver-
braucher.
Im Durchschnitt werden jedes Jahr rund 1,18 Millionen
Hektoliter Elsässer AOC-Wei-
ne erzeugt, das entspricht
150 Millionen Flaschen.

Der Weg zum Wein Ihrer Wünsche

In diesem Kapitel lernen Sie die Vielfalt elsässicher Weine kennen und erfahren, welche Faktoren für die Qualität eines Weines wichtig sind. Die Vinoteca zeigt Ihnen Schritt für Schritt, wie Sie bei der Weinauswahl vorgehen und welche Kriterien Sie beim Einkauf berücksichtigen sollten.

Bevor man sich Gedanken darüber macht, welchen Wein man kaufen möchte, muss man wissen, was einem schmeckt und worauf man Wert legt. Ist es die Rebsorte, der Jahrgang, der Winzer, die Geschmacksrichtung? Wer sich mit diesen vier Fragen auseinandersetzt, kann sich einen Überlick über die Vielfalt elsässicher Wein verschaffen und wird den passenden Weine für jede Gelegenheit und jeden Geschmack fnden.

Zur Qualitätsbestimmung eines Weines sind vor allem folgende Fragen zu beantworten:

a   Aus welcher Rebsorte stammt der Wein?
b   Welches »Terroir« (Bodenbeschaffenheit und Klima) hatte Einfluss auf die Reben?
c   Wie erfolgte der Anbau im Weinberg und der Ausbau im Keller?
d   Wie war der Jahrgang?

All diese Faktoren bestimmen die Qualität eines Weines. Um Ihnen die Übersicht zu erleichtern, haben wir die nebenstehenden Symbole entwickelt, die Sie durch dieses Buch führen werden.

Über die Qualität der Weine informiert die Anzahl Sterne von ★ bis ★★★★★.

Folgende Kriterien bestimmen die Qualität des Weines

Rebsorte

Terroir

Winzer

Jahrgang

Weinqualität

Links: Elsässer Weine sind so vielfältig wie die Landschaften, in denen sie wachsen.

Entscheidungskriterien beim Einkauf

Bevor Sie einen Wein kaufen, sollten Sie folgende Fragen klären:

A Soll es ein Rotwein ♈ oder Weißwein ♉ sein? Trinken Sie lieber trockene oder liebliche Weine? Möchten Sie einen leichten oder gehaltvollen Wein?

B Suchen Sie einen Wein zum sofortigen Genuss ▮ oder soll er gelagert werden ➡-?

C Möchten Sie den Wein zum Essen trinken ◠ und um welche Art von Essen handelt es sich?

D Was wollen Sie für den Wein bezahlen? Die in diesem Buch angegebenen Preissymbole ❶ – ❺ sind Ihnen bei der Auswahl behilflich.

Die Vielfalt der Elsässer Weine

Überschaubar und dennoch mit einer großen geschmacklichen Bandbreite, präsentiert sich das Elsass als das »Anbaugebiet der sieben Rebsorten«. Alle Weine aus dem Elsass tragen den Namen der Rebsorte, aus der sie gekeltert sind. Die einfachen Qualitäten, frische, trockene, fruchtige und leichte Weine, werden meist jung getrunken, etwa 6 Monate bis 5 Jahre nach der Lese. Die großen Jahrgänge, die Grands crus, die Vendanges Tardives (wörtlich Spätlese, kommt aber eher einer Auslese gleich) und die Sélections de Grains Nobles (Beerenauslese) – besonders vom Terroir geprägte, extraktreiche und komplexe Weine – sind in der Regel mehrere Jahre bis Jahrzehnte lagerfähig und gewinnen durch die Alterung an Charakter. Die meisten elsässischen Betriebe bieten die ganze Palette in der eleganten, schlanken Flasche, der »Flûte d'Alsace« an (links).

Drei Beispiele für die Vielfalt Elsässer Weine
Das Elsass bietet für jeden Geschmack den passenden Wein. Sei es zum sofortigen Trinkgenuss, zum Sonntagsessen oder zur Lagerung, den Möglichkeiten sind keine Grenzen gesetzt. Die Preise für diese Weine sind sehr unterschiedlich.

Beispiel eines einfachen unkomplizierten Trinkweines:
🍷 Ein Gewürztraminer Qualitätswein, körperreich, aromatisch
👄 zu Fleischpasteten und Geflügel
Mehr dazu: S. 19

➊ unter DM 10,– / € 5,–

Beispiel eines Grand-cru-Weines
🍷 Ein Riesling Grand cru, säurebetont, fruchtig
👄 zu Fischgerichten, hellem Fleisch
Mehr dazu: S. 18

➋ ab DM 10,– / € 5,–

Beispiel eines Sonntagsweines
🍷 Ein Gewürztraminer Vendanges Tardives, aromatisch, wuchtig
👄 zu asiatischer Küche, zu Kuchen
Mehr dazu: S. 19

➌ ab DM 20,– / € 10,–

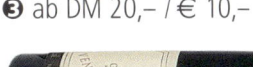

Die glorreichen Sieben

Das Elsass als Weinbauregion gibt nicht, wie es in anderen französischen Anbaugebieten üblich ist, dem Wein seinen Namen. Im Elsass stehen die Rebsorten auf dem Etikett. Auch wenn die Sortenvielfalt etwas zugenommen hat, und gerade junge Winzer experimentierfreudig geworden sind, stehen sieben Rebsorten noch immer für die klassische Elsässer Weinbautradition.

Edelzwicker

Der berühmte und oftmals berüchtigte Edelzwicker ist ein Verschnitt aus mehreren Traubensorten. Die meist billigen Weine sind in der Regel gefällig und schlicht.

Riesling

Noch immer nimmt der Riesling die größte Anbaufläche des Elsass ein. Die anspruchsvolle und spät reifende Sorte bringt zumeist trockene und rassige, von feiner Fruchtigkeit geprägte Weißweine hervor, die im Bukett manchmal mineralische und florale Noten aufweisen. Die klassische Rebsorte, die fast alle Qualitätsstufen ermöglicht, gibt den Weinen ein stabiles Säuregerüst, das sie in der Regel lagerfähiger als andere Weine macht. Vor allem im edelsüßen Bereich sind Rieslingweine über Jahrzehnte hinweg haltbar.

Der junge Riesling zeigt oft ein blumiges Aroma, im Alter dominieren komplexe Aromen und mineralische Noten bei einer frischen, stahligen Säure und einer lebendigen Fruchtigkeit.

Gewürztraminer

Obwohl er in der Anbaufläche nur an zweiter Stelle steht, ist der Elsässer Gewürztraminer nicht minder bekannt und berühmt als der Riesling. Die relativ frühreife Sorte stellt zwar hohe Ansprüche an Boden und Lage, kann aber in guten Jahren hohe Mostgewichte erbringen. Aus der Traminertraube werden körperreiche und besonders aromatische Weißweine gekeltert, deren intensives Bukett an Quitten, Grapefruit und Litschi, aber genauso an Gewürze wie Zimt, Nelken und Pfeffer erinnert. Durch den von Natur aus hohen Zuckergehalt eignet sich der Gewürztraminer ideal für den Ausbau von süßen Spätlesen, daher begegnet man dieser Sorte am häufigsten als Vendange Tardive. Die Gewürztraminer vom Südrand des Elsass, etwa von Eguisheim südwärts, zeigen oft einen ganz eigenen Charakter und präsentieren sich aromatischer und wuchtiger als im übrigen Elsass.

Die trockenen bis edelsüßen Gewürztraminer-Weine entwickeln reiche Früchte-, Blumen- und Gewürzaromen.

Silvaner

Der Silvaner ist eine schwierige Rebsorte und hat vielleicht auch deswegen nicht nur im Elsass ein umstrittenes Image. Die hohen Ansprüche, die er an den Boden stellt und die relative Winterfrostempfindlichkeit werden durch eine recht beständige Ertragssicherheit ausgeglichen. In guten Jahren bringt der Silvaner hohe Erträge und in der Regel einfache, unkomplizierte Zechweine mit einer dezenten Fruchtigkeit und einer leichten Bitterkeit, die jung getrunken werden wollen. Der Silvaner wird im Elsass fast ausschließlich trocken ausgebaut, der Alkoholgehalt ist mäßig.

Silvaner

Frisch und leicht, ein Zechwein mit einer diskreten Spritzigkeit. Guter Silvaner schmeckt einen Hauch bitter, leicht parfümiert in Aroma und Geschmack und hat dabei eine kräftige Säure. Im Elsass findet man ausschließlich die Schreibweise Sylvaner.

Pinot blanc

Pinot blanc

Die Rebsorte steht für runde und delikate Weine und vereinigt Frische und Geschmeidigkeit. Der Pinot blanc liefert auch den Grundwein für den Crémant d'Alsace.

Die grüntraubige Rebsorte der Burgunderfamilie (Weißer Burgunder) bringt vom pikanten, an Apfel erinnernden trockenen Qualitätswein bis zur wuchtig-reifen, fruchtigen Spätlese oder edelsüßen Auslese eine Vielzahl verschiedener Weine hervor. Sie sind in der Regel nicht besonders alkoholreich, verfügen jedoch meist über ein kräftiges Säuregerüst. Der Pinot blanc stellt daher auch die gute Mitte in der Palette der Elsässer Weine dar und gilt als die Alltagssorte. Zudem liefert der Pinot blanc den Grundwein für den Crémant d'Alsace. Die Rebsorte Auxerrois, die derselben Familie angehört, wird immer öfter als Pinot blanc gekennzeichnet und als Verschnitt mit dem echten Weißen Burgunder auf den Markt gebracht. Diese Weine haben einen etwas volleren, breiteren und würzigeren Geschmack.

Die wichtigsten Elsässer Rebsorten

Riesling (3100 Hektar)
Gewürztraminer (2800 Hektar)
Silvaner (2650 Hektar)
Pinot blanc (1200 Hektar)
(Auxerrois 1500 Hektar)
Pinot gris (900 Hektar)
Pinot noir (965 Hektar)
Muscat (500 Hektar)

Pinot gris

Die Burgunderrebe mit den rotgrauen Trauben steht für markante Weißweine. Früher unter dem Namen Tokay Pinot gris oder Tokay d'Alsace bekannt, wird die Traube seit dem Abkommen von 1993 zwischen Ungarn und der Europäischen Union fast ausschließlich als Pinot gris vermarktet. Der Pinot gris wird im Elsass immer noch etwas unterbewertet, obwohl er, gerade auch als Vendange Tardive, ausgezeichnete Weine hervorbringt. Er hat etwas von der Würze des Gewürztraminers und dem festen Rückgrat des Rieslings und er erinnert in seiner Jugend an Pfirsiche und Aprikosen. Die üppigen Weine sind haltbar und entfalten erst nach einigen Jahren ihre sehr komplexen Aromen. Die körperreichen Gewächse zeichnen sich durch fruchtige, manchmal leicht rauchige Aromen aus. Auch nach Jahren sind die Weine ideale Essensbegleiter.

Pinot gris

Körperreich, rund und mit einem langen Abgang, entwickelt der Pinot gris fruchtige Aromen, die oftmals leicht rauchig sind.

Muscat

Im Elsass findet man zwei Muskatellersorten: den Muscat blanc à petits Grains, auch Muscat d'Alsace genannt, und den Muscat Ottonel. Die meisten Elsässer Muscat-Weine sind eine Mischung dieser beiden Sorten, relativ alkohol- und säurearm. Die Weine sind in der Regel trocken ausgebaut und zeigen in Aroma und Geschmack eine frische Fruchtigkeit und ein dezentes bis intensives, feines Muskatbukett, dessen Muskataromen durch eine geringe Restsüße stabilisiert und verfeinert werden. Die Rebe reagiert sehr empfindlich auf schlechte Witterungsbedingungen und bringt nur in günstigen Jahren gute Ernteerträge. Das ist auch der Grund, warum Muscat-Weine in der Spitzenklasse nur selten zu finden sind.

Muscat

Charakteristisch sind seine immense Fruchtigkeit und sein trockener Charakter. Ein idealer Aperitif-Wein. Muscat ist relativ säure- und alkoholarm.

Pinot noir

Die Rebsorte aus der Burgunderfamilie gilt als »Königsmacher«, bringt sie doch die größten Rotweine hervor. Im Elsass ist der Pinot noir die einzige rote Traubensorte, die aber in diesem nördlichen Klima nur selten tiefrote Weine hervorbringt. Aus ihr werden die süffigen Rosé-Weine und Rotweine gekeltert. Den Geschmack prägen Reife und eine fruchtige Säure, verbunden mit einer an die Holzfasslagerung erinnernden, für alle Burgunderweine typischen Note. Der Jungwein zeigt oft deutliche Brombeeraromen, im Alter gleichen die Aromen eher Nüssen mit einem zarten Bittergeschmack.

Die einzige Rebsorte für die Erzeugung von Rosé- und Rotweinen im Elsass ist der Pinot noir. Barriqueausbau und mehrtägige Maischegärung sind auch im Elsass auf dem Vormarsch.

Alles fängt beim Boden an

Die Entwicklung eines Weines hängt vom Zusammenspiel zwischen Mensch und Natur ab. In dieser Beziehung bilden der Boden und das Klima, das so genannte »terroir«, die Grundvoraussetzung, aus der sich die Qualität des Weines ergibt. Fast immer kann man das Terroir im Wein erschmecken. Wörtlich genommen bezeichnet Terroir jedoch den Boden, auf dem die Rebe wächst.

Bodenreichtum durch Vielfalt

Das Elsass liegt zwischen dem 47. und 49. Grad nördlicher Breite, und damit in einem Gebiet, das eine relativ lange und kühle Wachstumssaison hat. Die Weinberge erstrecken sich von Nord nach Süd auf einer Länge von etwa 100 Kilometern am Fuß des Osthanges der Vogesen über die beiden Départements Haut-Rhin und Bas-Rhin hinweg. Die meisten Weinbergs-

Im Elsass gibt es etwa 20 verschiedene Bodenformationen.

lagen befinden sich in einer Höhe von 175 bis 420 Metern über dem Meeresspiegel. Keine Stelle, an der Weinbau betrieben wird, ist breiter als 3 Kilometer. Hier ist im Laufe von Jahrtausenden durch das Absinken des Oberrheingrabens und aufgrund zahlreicher Vulkanausbrüche eine Landschaft entstanden, die sich durch unterschiedliche Bodenformationen wie Granit, Gneis, Kalk, Sandstein oder Schiefer auszeichnet. Mindestens zwanzig verschiedene Bodenformationen aus mehreren Erdzeitaltern kennt man im Elsass. Dieser geologische Reichtum schafft die Voraussetzung für den Anbau einer Vielzahl von Rebsorten und prägt deren Geschmacksbild.

Terroir ist Geschmackssache

Die meisten Elsässer Weinberge stehen in den Vorbergen der Vogesen auf Sedimentschichten. Die Grands crus und andere gute Weinbergslagen sind über diese Berge verteilt. Im nördlichen Elsass finden sich gut durchmischte, kalk- und mergelhaltige Böden, die im wesentlichen lößfrei sind. Hier wachsen einfachere Weine mit einem breiteren Geschmack, wie etwa der Silvaner, der keine besonderen Ansprüche an das Terroir stellt. Dagegen bringen die leichteren Sand- und Kalksteinböden mehr Finesse und Eleganz in den Wein. Einige der berühmtesten Terroirs, wie zum Beispiel der Schlossberg unterhalb von Kaysersberg und der Wineck-Schlossberg, liegen auf Granitböden. Diese Böden sind zwar grobkörnig und sandig, aber gleichzeitig reich an mineralischen Nährstoffen und enthalten genügend Ton aus der Verwitterung von Feldspat. Hier wachsen besonders feine Rieslinge und Gewürztraminer mit einer Fülle von Aromen und Fruchtigkeit und einer dezenten mineralischen Note. Insgesamt 11 Grands crus liegen auf Böden, die von

Typisch Elsass

Das relativ kühle Klima im Elsass begünstigt eine langsame Reifung der Trauben, die dadurch ihre natürlichen Aromen behalten. Viele der besten Weinbergs-Lagen befinden sich auf durch die Vogesen windgeschützten Süd-, Südwest- oder Südosthängen.

Auch wenn sich eine Rebsorte in jedem Boden durchsetzen kann, gibt es doch bestimmte Terroirs, die optimale Voraussetzungen bieten:

Riesling: sandige Böden mit Ton und Lehm und sehr grobkörnig

Gewürztraminer: tiefgründiger, fruchtbarer Mergel

Pinot gris: fruchtbar, lehmig, tonhaltig, tiefgründig, sandig, steinig

Muscat: lehmig, kalkhaltig

Pinot noir: sandig, kalkhaltig

Pinot blanc: leicht und fruchtbar, lehmig

Silvaner: Böden mit viel feinem Korn, tiefgründig, sandig und kalkhaltig

Granit, kristallinem Schiefer und vulkanischen Gesteinen geprägt sind. Besonders die Rieslinge aus diesem Terroir haben ein zartes aber markantes Bukett.

Auf den oberen Hängen und steileren Lagen der Vogesen liegt ein dünner Mutterboden über verwittertem Gneis, Granit, Sandstein, Schiefer und verschiedenen vulkanischen Ablagerungen. Feuerstein und Schiefergesteine machen sich besonders bei den Rieslingweinen bemerkbar. Sie geben den Gewächsen oft ein charakteristisches öliges und mineralisches Aroma, das ein wenig an Petroleum erinnert. Die unteren Hänge der Vogesen verdanken ihre Entstehung dem Urstromtal des Rheines. Hier liegt ein tiefer Mutterboden über Ton, Mergel, Kalkstein und Sandstein. Die Ebene am Fuße der Vogesen besteht zum größten Teil aus Schwemmland, meist sandigen und steinigen Böden, die jedoch tiefgründig und gut durchlässig sind. Gerade diese Durchlässigkeit des Bodens, das gute Wasserspeichervermögen und die ausreichenden Sonnenstunden lassen hier Weine von hoher Qualität entstehen.

Bestes Klima

Gut geschützt vor ozeanischen Einflüssen, liegen die Elsässischen Weinberge hinter den Vogesen wie hinter einer hohen Gartenmauer. Die Regen bringenden Westwinde werden vom Vogesenkamm nach oben abgelenkt, die Luft kühlt sich ab, und die Niederschläge fallen auf die höheren Ebenen der Westseite. Dadurch zählt die Niederschlagsmenge, nur 450 bis 500 Millimeter pro Jahr, zu den niedrigsten in ganz Frankreich. Das halbkontinentale Klima, sonnig, trocken und warm, bringt gerade in den für den Weinbau so wichtigen Monaten Mai bis Oktober viele Sonnenstunden. Dieses Klima ist günstig für eine langsame und verlän-

Ganz im Osten Frankreichs liegt das Elsass.

Je nach Bodenbeschaffen-
heit haben die Weine ihren
ganz besonderen Charakter.

gerte Reifung der Trauben und fördert die Entwicklung
der feinen Aromen. Um die Sonneneinstrahlung optimal zu nutzen, liegen viele der besten Lagen auf durch
die Vogesen windgeschützten Süd-, Südwest- oder
Südosthängen. Eine relativ hohe Luftfeuchtigkeit im
Herbst ermöglicht in guten Jahren eine späte Lese und
begünstigt die Edelfäule. Dennoch können die Winter
sehr kalt sein, das Temperaturmittel beträgt im Januar
1,7 °C, nicht selten fällt aber das Thermometer bis
unter minus 20 °C.

Die Qualität im Weinberg zählt

Rebbau

Die durchschnittliche Rebdichte liegt zwischen 4400 und 4800 Reben pro Hektar.

Der zulässige Höchstertrag liegt bei 80 Hektoliter pro Hektar, kann aber per Dekret nach oben oder unten variieren. Qualitätsbewusste Winzer beschränken sich auf einen deutlich niedrigeren Ertrag, der zwischen 40 und 50 Hektoliter pro Hektar liegt.

Nur was im Weinberg an Qualität heranwächst, kann auch im Keller erhalten und verfeinert werden. Wie bereits gesehen, spielt dabei das Terroir eine wichtige Rolle. Aber auch die An- und Ausbaumethoden sind qualitätssteigernd. Je nach Neigungsgrad der Lage, kommen im Elsass verschiedene Erziehungssysteme zum Einsatz.

Die Appellationsvorschriften lassen beim Rebschnitt maximal 12 Knospen pro Kubikmeter zu. In der Praxis bedeutet dies allerdings zu große Erträge, die eine hohe Qualität nicht mehr garantieren können. Die meisten Winzer arbeiten deshalb mit dem so genannten Guyot-System. Dabei handelt es sich um einen Rebschnitt, benannt nach dem französischen Weinbauexperten Guyot. An jeder einzelnen Rebe wird eine Fruchtrute (Trieb) auf 6 bis 8 Augen (Knospen) begrenzt.

Auch Reben brauchen Erziehung

Die Elsässischen Weinberge unterscheiden sich im Aussehen nur wenig von den deutschen Anlagen. Im Durchschnitt werden die Reben, je nach Lage, auf einer Höhe von 60 bis 90 Zentimeter »erzogen«, in der Ebene etwas höher, um eventuellen Frostschäden vorzubeugen. In den Hanglagen findet man dagegen häufig eine niedrigere Erziehung, damit die Sonnenwärme besser ausgenutzt werden kann. Die besonders steilen Rebhänge, wie zum Beispiel die Grands-crus-Lagen Rangen und Kastelberg, sind in Terrassen angelegt. Eine Begrünung der Weinberge mit Wildkräutern oder -blumen dient in erster Linie dem Schutz vor einer allzu großen Bodenerosion in den steilen bis mittelsteilen Lagen.

Mengenbeschränkung zugunsten der Qualität

Zwischen 4400 und 4800 Rebstöcke stehen im Elsass auf einem Hektar. Zwar ist der Höchstertrag mit 80 Hektoliter pro Hektar höher angesetzt als in allen anderen Appellations Con-trôlées, doch kann er jährlich per Erlass nach oben oder unten korrigiert werden. Das ist aber kaum notwendig, denn die qualitätsorientierten elsässischen Winzer schnei-den im zeitigen Frühjahr die Reben konsequent zurück, damit jeder Stock nur wenige Fruchtansätze bildet und die Fruchtkonzentration gestei-gert wird. Bleiben zu viele Triebe stehen, reifen zu viele Früchte an einer Rebe, was zu einem Verlust von Konzentration und schließ-lich auch von Qualität führt. Bei diesen Winzern liegt der Durchschnittsertrag zwischen 40 und 50 Hekto-liter pro Hektar. Ein Sommerschnitt kann ebenfalls er-folgen, um einen kleineren Ertrag an reiferen Trauben zu gewährleisten und die Reben vor »Trockenstress« durch Wassermangel zu bewahren. Wie in vielen an-deren Weinbauregionen ist auch im Elsass die chemi-sche Unkrautbekämpfung mehr und mehr verpönt. Viele Winzer verzichten heute vollständig auf den Ein-satz von Unkrautvertilgern und bestellen ihre Reb-anlagen so weit wie möglich mechanisch. Die Wein-lese findet von Ende September bis Ende Oktober, manchmal auch bis Mitte November statt, je nach Reifegrad der Trauben. In der Ebene kommen immer mehr Lesemaschinen zum Einsatz, in den steileren Lagen ist nach wie vor Handarbeit gefragt.

Mostgewichte werden in Grad Oechsle gemessen, benannt nach dem Entwick-ler des Messverfahrens, Christian Ferdinand Oechsle.

Der letzte Schliff
kommt aus dem Keller

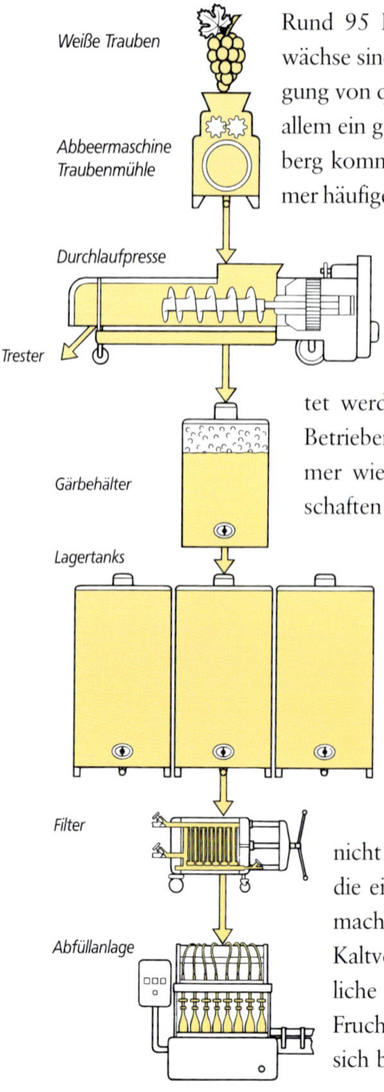

Weiße Trauben

Abbeermaschine
Traubenmühle

Durchlaufpresse

Trester

Gärbehälter

Lagertanks

Filter

Abfüllanlage

Rund 95 Prozent aller im Elsass ausgebauten Gewächse sind Weißweine. Voraussetzung für die Erzeugung von qualitativ hochwertigen Weißweinen ist vor allem ein gesundes Lesegut. Nach der Ernte im Weinberg kommen die Trauben in die *Traubenmühle*. Immer häufiger kommen so genannte Ballonpressen zum Einsatz, die durch eine langsame und schonende Pressung mittels eines aufblasbaren Ballons einen reineren Most liefern. Die große Anzahl der verschiedenen Rebsorten, die alle getrennt zu Wein verarbeitet werden müssen, führt vor allem in kleineren Betrieben mit nur einer einzigen Traubenpresse immer wieder zu Problemen. Die Winzergenossenschaften geben deswegen genaue Terminpläne heraus, welche Traubensorten an welchem Tag in der Kellerei angeliefert werden kann.

Der gewonnene Most wird heute zum größten Teil in reaktionsneutralen *Gärbehältern* und Stahltanks vergoren und gelagert. Neues Holz findet bei den Weißweinen nur noch ganz selten Anwendung. In den Traditionskellern stehen zwar noch große Holzfässer, die aber in vielen Fällen nicht mehr belegt werden. Kühleinrichtungen, die eine genau temperierte Vergärung möglich machen, halten auch hier Einzug. Mit dieser Kaltvergärmethode, die länger als die herkömmliche Vergärung dauert, werden viele primäre Fruchtaromen in den Wein hinübergerettet, die sich bei einer unkontrollierten, konventionellen

Vergärung ansonsten verflüchtigen. Die Erfahrung hat gezeigt, dass das Bukett gerade bei Riesling, Silvaner und Muscat durch eine Vergärung zwischen 14 bis 16 °C deutlich verbessert und konzentriert werden kann. Während des Gärprozesses wandeln die Hefen den im Most enthaltenen Fruchtzucker in Alkohol und

Der Pinot noir wird traditionell im großen Holzfass oder in neuen Barriques (kleine Eichenholzfässer) ausgebaut.

Kohlensäure um. In der Regel reichen die Hefen des Traubengutes aus, nur wenige Erzeuger setzen Kulturhefen zu. Mit Ausnahme der Vendanges Tardives (Spätlesen) erhalten fast alle Weine eine Zuckerung. Die Weine werden in der Regel trocken durchgegoren, nur die Vendanges Tardives weisen eine größere Restsüße auf. Manche Erzeuger belassen ihren Weinen etwa 3 bis 4 Gramm Restzucker, um dadurch einen milderen Geschmack zu erzielen. Sobald die Gärung abgeschlossen ist, wird der Wein in die *Lagertanks* gepumpt. Die meisten Weine werden bis spätestens ein Jahr nach der Lese abgefüllt und kommen in ihrer ganzen Frische auf den Markt.

Edelstahltanks spielen beim Ausbau von Weißweinen eine wichtige Rolle, da sie den Wein nicht geschmacklich beeinflussen, wie das beim Holzfass der Fall ist.

Der rote Elsässer

Auch der Traubensaft roter Rebsorten ist weiß. Deswegen muss der Rotwein, im Unterschied zum Weißwein, auf der Maische vergären. Nur aus diesem Gemisch von Saft, Beerenschalen und Traubenkernen kann der Rotwein seine Farbe und Gerbstoffe (Tannine) ziehen. Je länger ein Wein auf der Maische bleibt, umso kräftiger wird er in Farbe und Geschmack. Der Pinot noir wird vielfach traditionell im Holzfass oder in der neuen Barrique ausgebaut.

Drei kontrollierte Herkunftsbezeichnungen

Im Vergleich zu den anderen französischen Anbaugebieten wurde die Weinregion Elsass erst relativ spät klassifiziert. Sicherlich auch eine Folge der historischen Gegebenheiten, die das Elsass immer wieder politisch und kulturell zerrissen. Zwar verfolgte man seit dem Ende des Zweiten Weltkrieges, als das Elsass wieder in den französischen Staat eingebunden wurde, eine konsequente Qualitätspolitik, die eine Begrenzung der Anbaufläche und die Festlegung strenger Regeln für die Weinerzeugung festlegte. Die Zuerkennung der Appellation »Alsace« bekam die Weinbauregion allerdings erst 1962.

Die AOC Alsace

Was im Elsass auf die Flasche kommt, muss auch auf dem Etikett stehen und zu 100 Prozent aus der genannten Rebsorte stammen. Eine Ausnahme machen Cuvées, der Edelzwicker, ein Verschnitt verschiedener Rebsorten und die Weine, die einen Markennamen tragen. Der zugelassene jährliche Höchstertrag beträgt in der AOC Alsace 80 Hektoliter pro Hektar zuzüglich einer so genannten PLC (Plafond Limit de Classement), eine durch die INAO (Nationale Institutes für eingetragene Herkunftsbezeichnungen von Weinen und Branntweinen) jährlich festgelegte Reservemenge, die im Durchschnitt 10 Prozent beträgt. Der Mindestalkoholgehalt der Weine muss 8,5 Volumenprozent betragen. Die Weine der AOC Alsace unterliegen der Kontrolle des INAO.

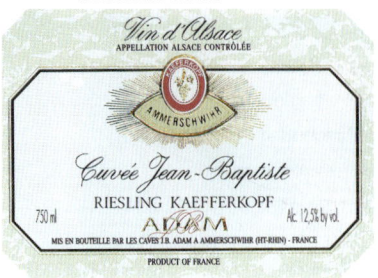

Beispiel für einen AOC Alsace: hier eine Cuvée, die aus verschiedenen Rebsorten besteht.

Die AOC Alsace Grand cru

Um einen Anspruch auf die Bezeichnung »Alsace Grand cru« zu haben, müssen die Weine nach der Verordnung vom Dezember 1992 von solchen Reben stammen, die im Produktionsbereich der elsässischen Weinberge auf genau bezeichneten, klassifizierten Lagen geerntet wurden.

Die Fläche dieser außergewöhnlichen Weinberge variiert zwischen 3 und 80 Hektar. Bei der Klassifizierung wurde insbesondere der Boden (Terroir), die Topographie und die Hangrichtung berücksichtigt. Dennoch bleibt die elsässische Klassifikation umstritten, und von den ursprünglich 94 in Betracht gezogenen Spitzenlagen zählen bis heute nur 50 zu den Grands crus.

Beispiel für einen Grand cru aus der Rebsorte Pinot gris.

Vier Rebsorten sind für die Bezeichnung AOC Alsace Grand cru zugelassen: Riesling, Gewürztraminer, Pinot gris und Muscat d'Alsace. Um die Anforderungen der AOC Grand cru zu erfüllen, müssen Riesling und Muscat d'Alsace einen natürlichen Mindestalkoholgehalt von 10 Volumenprozent haben, für Gewürztraminer und Pinot gris werden 12 Volumenprozent verlangt.

Neben der Rebsorte und dem entsprechenden Jahrgang muss eine der 50 vom Gesetzgeber festgelegten Grands-crus-Lagen auf dem Etikett stehen. Die Erträge sind mit maximal 60 Hektoliter niedriger angesetzt als für die einfache AOC Alsace. Alle Weine unterliegen einer Analyse und einer strengen Geschmacksprüfung, bei der vor allem die Typizität des Terroirs im Vordergrund steht. Heute erreichen die Elsässer Grands crus eine durchschnittliche Jahresernte von rund 40 000 Hektolitern, das entspricht nur 3 bis 4 Prozent der gesamten Elsässer Weine.

AOC

Appellation d'Origine Contrôlée, kontrollierte Herkunftsbezeichnung.

Die 50 Elsässer Grands crus

Altenberg de Bergbieten, Bas-Rhin	27,26	Hektar
Altenberg de Bergheim, Haut-Rhin	35	Hektar
Altenberg de Wolxheim, Haut-Rhin	28	Hektar
Brand, Turckheim, Haut-Rhin	55,21	Hektar
Bruderthal, Molsheim, Bas-Rhin	19	Hektar
Eichberg, Eguisheim, Haut-Rhin	57	Hektar
Engelberg, Dahlenheim, Bas-Rhin	11	Hektar
Florimont, Ingersheim, Haut-Rhin	15	Hektar
Frankstein, Dambach-la-Ville, Bas-Rhin	53	Hektar
Froehn, Zellenberg, Haut-Rhin	13	Hektar
Furstentum, Kientzheim, Sigolsheim, Haut-Rhin	27,65	Hektar
Geisberg, Ribeauvillé, Haut-Rhin	8,5	Hektar
Gloeckelberg, Rodern, St-Hippolyte, Haut-Rhin	23,4	Hektar
Goldert, Gueberschwihr, Haut-Rhin	45,35	Hektar
Hatschbourg, Hattstatt, Voegtlinshoffen, Haut-Rhin	47,36	Hektar
Hengst, Wintzenheim, Haut-Rhin	75,74	Hektar
Kaefferkopf, Ammerschwihr, Haut-Rhin	60	Hektar
Kanzlerberg, Bergheim, Haut-Rhin	3,23	Hektar
Kastelberg, Andlau, Bas-Rhin	5,8	Hektar
Kessler, Guebwiller, Haut-Rhin	28,5	Hektar
Kirchberg de Barr, Barr, Bas-Rhin	37	Hektar
Kirchberg de Ribeauvillé, Haut-Rhin	11,4	Hektar
Kitterlé, Guebwiller, Haut-Rhin	25,8	Hektar
Mambourg, Sigolsheim, Haut-Rhin	65	Hektar
Mandelberg, Mittelwihr, Haut-Rhin	12	Hektar
Marckrain, Bennwihr, Sigolsheim, Haut-Rhin	45	Hektar
Moenchberg, Andlau, Eichhoffen, Bas-Rhin	11,8	Hektar
Muenchberg, Nothalten, Bas-Rhin	25	Hektar
Ollwiller, Wuenheim, Haut-Rhin	35,8	Hektar
Osterberg, Ribeauvillé, Haut-Rhin	24	Hektar
Pfersigberg, Eguisheim, Haut-Rhin	56	Hektar
Pfingstberg, Orschwihr, Haut-Rhin	28	Hektar
Praelatenberg, Orschwiller, Kintzheim, Bas-Rhin	12	Hektar
Rangen, Thann, Vieux Thann, Haut-Rhin	18,8	Hektar
Rosacker, Hunawihr, Haut-Rhin	27,2	Hektar
Saering, Guebwiller, Haut-Rhin	26,75	Hektar
Schlossberg, Kaysersberg, Kientzheim, Haut-Rhin	80	Hektar
Schoenenbourg, Riquewihr, Haut-Rhin	40	Hektar
Sommerberg, Niedermorschwihr, Katzenthal, Haut-Rhin	27,7	Hektar
Sonnenglanz, Beblenheim, Haut-Rhin	32,8	Hektar
Spiegel, Bergholtz, Guebwiller, Haut-Rhin	18,3	Hektar
Sporen, Riquewihr, Haut-Rhin	22	Hektar
Steinert, Pfaffenheim, Haut-Rhin	38	Hektar

Bestimmungen

Der zugelassene jährliche Höchstertrag in der AOC Alsace beträgt 80 Hektoliter pro Hektar. Der Mindestalkoholgehalt der Weine muss 8,5 Volumenprozent betragen.
Die Weine der AOC Alsace unterliegen der Kontrolle des Nationalen Institutes für eingetragene Herkunftsbezeichnungen von Weinen und Branntweinen (INAO). Die Klassifizierung berücksichtigt Boden (Terroir), Topographie und Hangrichtung.

Steingrubler Wettolsheim, Haut-Rhin	19	Hektar
Steinklotz, Markenheim, Bas-Rhin	24	Hektar
Vorbourg, Rouffach, Westhalten, Haut-Rhin	72	Hektar
Wiebelsberg, Andlau, Bas-Rhin	10,3	Hektar
Wineck-Schlossberg, Katzenthal, Ammerschwihr, Haut-Rhin	24	Hektar
Winzenberg, Blienschwiller, Bas-Rhin	5	Hektar
Zinnkoepflé, Westhalten, Soultzmatt, Haut-Rhin	62	Hektar
Zotzenberg, Mittelbergheim, Bas-Rhin	34	Hektar

Heute zählt das Elsass 50 Grands-crus-Lagen.

Nur Riesling, Gewürztraminer, Pinot gris und Muscat d'Alsace sind für die Bezeichnung AOC Alsace Grand cru zugelassen. Die Erträge sind auf maximal 60 Hektoliter begrenzt. Der Mindestalkoholgehalt eines Grand cru beträgt für Riesling und Muscat d'Alsace 10 Volumenprozent, für Gewürztraminer und Pinot gris werden 12 Volumenprozent verlangt. Auf dem Etikett müssen Rebsorte, Jahrgang und Grand-cru-Lage stehen Die Elsässer Grands crus erreichen eine durchschnittliche Jahresernte von rund 40 000 Hektolitern, das sind 3 bis 4 Prozent der gesamten Elsässer Weine.

Spätlesen und Auslesen

Zwei zusätzliche Bezeichnungen können die AOC Alsace oder die Alsace Grand cru ergänzen: »Vendanges Tardives« und »Sélections de Grains Nobles«. Zwar gab es im Elsass, bedingt durch das halbkontinentale Klima mit seinen geringen Niederschlägen und den herbstlichen Sonnenstunden auch schon immer »Spätleseweine«, die aus sehr reifen oder edelfaulen Trauben gewonnen wurden. Dem Erzeuger war es dabei freigestellt, ob er die Gewächse unter der Bezeichnung »Spätlese«, »Auslese« oder »Beerenauslese« auf den Markt bringen wollte. Erst seit März 1984 sind die Voraussetzungen spät gelesener Elsässer Weine durch ministeriellen Erlass gesetzlich definiert und haben damit einen festen Rahmen erhalten.

Für die beiden Prädikate »Vendanges Tardives« und »Sélections de Grains Nobles« gelten die strengsten Vorschriften, die es in Frankreich für die Weinerzeugung gibt. Im Gegensatz zu den Spätlesen »Vendanges Tardives«, handelt es sich bei der »Sélections de Grains Nobles« im Prinzip um eine Spätlese von Trauben, die zum Teil von der Edelfäule (Botrytis cinerea) befallen sind und eine noch höhere Zuckerkonzentration aufweisen. Beide dürfen nur aus einer einzigen Rebsorte stammen, die deklariert und beim Verkauf angegeben sein muss. Die Rebsorte muss zudem mit dem ent-

Botrytis cinerea

Der Schimmelpilz »Botrytis cinerea«, der die Trauben im Herbst befällt, sorgt dafür, dass sie rosinenartig einschrumpfen und die Konzentration der Inhaltsstoffe steigt. Aus diesem Ausgangsmaterial enstehen feinste Beeren- und Trockenbeerenauslesen.

Wenn sich im Herbst die Blätter färben, fiebern die Winzer allmählich dem neuen Jahrgang entgegen.

sprechenden Jahrgang gekennzeichnet sein. Beide Prädikate dürfen ausschließlich Weinen aus den Rebsorten Gewürztraminer, Pinot gris, Riesling oder Muscat zuerkannt werden, deren natürlicher Gehalt an Zucker pro Liter Most festgelegt ist (siehe Tabelle). Die Weine dürfen nicht chaptalisiert werden, das heißt, jegliche Anreicherung mit Zucker oder Most ist untersagt. Die Lese darf erst nach einem bestimmten Termin stattfinden, der von der Behörde jedes Jahr neu festgesetzt wird. Die Absicht des Winzers, eines der Prädikate zu ernten, muss bei den örtlichen Stellen des Nationalen Institutes für eingetragene Herkunftsbezeichnungen von Weinen und Branntweinen (INAO) angemeldet werden. Zum Lesezeitpunkt findet im Weinberg eine amtliche Kontrolle der Zuckerkonzentration und der Ertragsmenge statt. Vor dem Verkauf werden die Weine einer strengen Analyse und Geschmacksprüfung unterzogen, erst danach wird das Etikett genehmigt.

Vendanges Tardives

Die am häufigsten für die Vendanges Tardives verwendete Rebsorte ist der Gewürztraminer, weil er am schnellsten einen hohen Zuckergehalt erreichen kann.

Prädikat »Vendanges Tardives« (VT)

Rebsorte	Zucker (g/l)	Alkoholgehalt (Vol.-%)
Gewürztraminer	243 (105 °Oechsle)	14,4
Pinot gris	243 (105 °Oechsle)	14,4
Riesling	220 (95 °Oechsle)	13,1
Muscat d'Alsace	220 (95 °Oechsle)	13,1

Prädikat »Sélections de Grains Nobles (SGN)«

Rebsorte	Zucker (g/l)	Alkoholgehalt (Vol.-%)
Gewürztraminer	279 (120 °Oechsle)	16°6
Pinot gris	279 (120 °Oechsle)	16°6
Riesling	256 (110 °Oechsle)	15°2
Muscat d'Alsace	256 (110 °Oechsle)	15°2

Die AOC Crémant d'Alsace

Bereits Ende des 19. Jahrhunderts wurden im Elsass Sekte im traditionellen Flaschengärverfahren erzeugt. Mit einem Erlass vom August 1976 wurde die Appellation d'Origine Contrôlée (AOC) Crémant d'Alsace geschaffen, die für die Sektherstellung im Elsass neue Richtlinien setzt. Heute gibt es im Elsass rund 500 Crémant-Erzeuger, die ihren Sekt nach den vorgeschriebenen Regeln auf den Markt bringen. Alle Trauben, die für die Crémant-Erzeugung bestimmt sind, müssen aus dem Gebiet der Appellation Alsace Contrôlée stammen. Die weißen und roten Trauben, die für die Crémant-Erzeugung vorgesehen sind, dürfen nur im Anbaugebiet Elsass gelesen werden. Zugelassen sind die Rebsorten Pinot blanc, Auxerrois, Riesling, Pinot noir, Pinot gris und Chardonnay. Das Lesedatum wird vom Comité Régional d'Experts des Vins d'Alsace festgelegt und ist in der Regel einige Tage vor der eigentlichen Weinlese. Der Höchstertrag liegt, wie bei der AOC Alsace, bei 80 Hektoliter pro Hektar. Das Abfüllen auf die Flasche darf nicht vor dem 1. Januar des auf die Lese folgenden Jahres erfolgen, danach sind mindestens 9 Monate Reifelager auf der Hefe vorgeschrieben. In den meisten Fällen liegt der Crémant aber länger, 24 Monate Ruhe sind eher die Regel.

Für den Crémant d'Alsace dürfen ausschließlich folgende Rebsorten verwendet werden: Pinot blanc, Auxerrois, Riesling, Pinot noir, Pinot gris und Chardonnay.

Ein Jahrgang – unterschiedliche Weine

Kaum ein Weinjahrgang gleicht dem anderen. Die Sortenvielfalt, das außergewöhnlich vielschichtige Terroir, das manchmal in einer Lage verschiedene Böden aufweist, und vor allem die unterschiedlichen klimatischen Verhältnisse in den Vogesenhängen und in der Ebene zeigen immer wieder neue interessante Nuancen im Bukett und Geschmack. Maßgeblich hängt aber die Qualität des fertigen Weines und seine Lagerfähigkeit vom Klimaverlauf des Jahres ab. Zwar kann heute die Selektion im Weinberg – das Aussortieren von faulen und unreifen Trauben – und die Kellertechnik einiges abfedern, aber verregnete Jahre mit wenig Sonne oder Jahre mit zu viel Sonne und zu wenig Wasser werden auch im Keller nicht besser. Denn gute und exzellente Weine entstehen in erster Linie im Weinberg. Trinkbar sind die schwächeren Jahrgänge allemal, nur etwas früher reif und nicht so lange lagerfähig, wie die Weine, die einen optimalen Vegetationsverlauf im Weinberg genossen haben.

Wie lange sich ein bestimmter Wein halten wird, lässt sich niemals genau vorhersagen, aber die Tendenz wird durch die Betrachtung aller maßgeblichen Faktoren eines Jahrganges deutlich. Jahre, die säurebetonte Weine oder Weine mit hohen Zuckergehalten hervorbringen, wird man eher als große Jahrgänge bezeichnen, da diese Weine relativ lange lagerfähig bleiben. Auch im Keller verändert sich der Wein noch, reift heran oder baut ab.

Die optimale Trinkreife ist daher ein wichtiges Kriterium bei der Weinauswahl und natürlich auch für den Weingenuss.

Jahrgänge und Bewertungen

Jahr	AOC Alsace	Alsace Grands crus	Vendanges Tardives	Sélections de Grains Nobles	Rotwein
1999	→	→	→	→	→
1998	↗	→	→	→	→
1997	↗	↗	↗	↗	↗
1996	↗	↗	↗	↗	↗
1995	★	↗	↗	↗	★
1994	★	★	★	↗	★
1993	★	★	★	↗	★
1992	★	★	★	★	★
1991	↘	★	★	★	★
1990	★	★	★	↗	★

Zur Qualität der Jahrgänge:

= hervorragend
= gut
= mäßig

Legende:

→ noch sehr jung, reifen lassen

↗ am Anfang der Trinkreife, kann noch besser werden

★ auf dem Höhepunkt, trinken

↘ Zenit überschritten, austrinken

○ verpasst, wäre besser schon getrunken

Sehr gute Qualitäten früherer Jahrgänge: 1989, 1983, 1976, 1961, 1959, 1947, 1945

Die Weinjahre im Elsass ab 1990

Weine dieser Jahrgänge sind teilweise noch im Handel erhältlich.

1999 Nicht der erwartete große Jahrgang, aber insgesamt gute und ausgewogene Qualitäten mit recht hohen Zuckergehalten.

1998 Ein guter bis sehr guter Jahrgang, der in allen Qualitäten und bei allen Rebsorten interessante Weine hervorgebracht hat.

1997 Hohe Mostgewichte und gute Erträge sorgten für Freude bei den Winzern. Die Weine, vielfach mit einer schönen Restsüße, sind jetzt schon gut trinkreif.

1996 Ein mittlerer bis guter Jahrgang mit säurebetonten Weinen, die auch noch ein paar Jahre Ruhe vertragen.

1995 Ein insgesamt gutes Jahr mit einer unterdurchschnittlichen Erntemenge. Beste Erfolge erzielten die Winzer mit den im Oktober gelesenen Rebsorten wie Riesling und Pinot gris.

1994 Ein Jahrgang von mittlerer bis guter Qualität. Nur die Winzer, die warten konnten, wurden mit Spitzenqualitäten bei Vendanges Tardives und Sélections de Grains Nobles belohnt.

1993 Ein recht gutes Jahr mit guten Qualitäten, trotz schlechten Wetters in der zweiten Septemberhälfte. Wenig edelsüße Weine.

1992 Das Jahr war weitaus besser als in den anderen französischen Weinbauregionen. Die Weine zeigen sich extraktreich, wenn auch etwas säurearm.

1991 Ein kontrastreiches Jahr, das vor allem recht säurebetonte Weine hervorbrachte, von denen sich einige überraschend gut entwickelt haben.

1990 Ein großes Jahr mit vollen, geradezu sinnlichen Weinen. Der Jahrgang hat sich rasch entwickelt und ist für viele Winzer ein Highlight der letzten Jahre.

Die Weintypen des Elsass

Mit seinen sieben klassischen Rebsorten bietet das Elsass auf rund 14 500 Hektar für jeden Geschmack den richtigen Wein: Vom einfachen Silvaner über den feinfruchtigen Riesling, den süffigen Rosé- und Rotweinen bis hin zu edelsüßen Auslesen und Eisweinen findet man eine große geschmackliche Bandbreite.

Einfache Symbole helfen Ihnen, den passenden Wein zu finden. Die Qualität der in diesem Kapitel beschriebenen Weine setzt sich aus den beantworteten Fragen von Seite 16 zusammen.

Die Vinoteca-Symbole zur Weinbeurteilung

Weinqualität

★	ein leichter Wein für jeden Tag
★★	ein Wein für besondere Gelegenheiten
★★★	ein Wein für einen Festtag
★★★★	ein Wein für außergewöhnliche Anlässe
★★★★★	ein internationaler Spitzenwein

Qualität

Art des Weines

♥	Rotwein
♀	Weißwein
♀	Rosé

Weintyp / Geschmack

◆	**die passenden Speisen zu diesem Wein**

Speise-Empfehlung

Die Lagerfähigkeit

♦	Trinkwein
➡	Lagerwein (Angaben in Jahren ab Ernte)

Lagerfähigkeit

Preiskategorien ❶–❺

❶	unter DM 10,– / € 5,–
❷	von DM 10,– bis 20,– / € 5,– bis 10,–
❸	von DM 21,– bis 30,– / € 10,– bis 15,–
❹	von DM 31,– bis 50,– / € 15,– bis 25,–
❺	über DM 50,– / € 25,–

Preiskategorie

Links: Der Riesling findet im Elsass beste Wachstumsbedingungen.

Das Elsass und seine Weine auf einen Blick

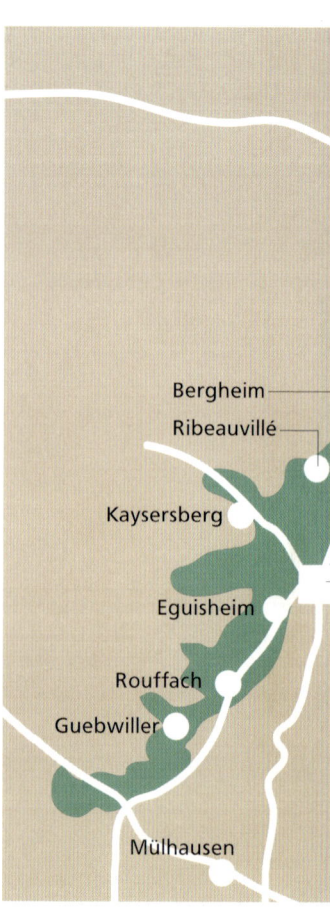

Riesling

- ♀ meist trockener, säurebetonter Weißwein von feiner Fruchtigkeit mit mineralischen Tönen
- ● Vorspeisen, zu fast allen Fischgerichten, Schalentieren, hellem Fleisch
- ━ die Rebsorte, die sich am längsten frisch hält, besonders im edelsüßen Bereich

❶-❺

Silvaner

- ♀ frischer, leichter, einfacher Wein mit diskreter Fruchtigkeit
- ● Vorspeisen, aber auch deftige Speisen, Zwiebelkuchen, Fisch- und Muschelgerichte
- ▮ schmeckt jung und frisch am besten

❶-❷

Gewürztraminer

- ♀ körperreicher und besonders aromatischer Wein mit intensivem Bukett
- ● Fleischpasteten, Geflügel, asiatische Küche, aber auch zu Käse und Apfelkuchen
- ━ kann in guten Qualitäten ein paar Jahre ausruhen

❶-❺

Pinot blanc

- ♀ rund und delikat, vereinigt Frische und Geschmeidigkeit
- ● kräftige Speisen, Vorspeisen, aber auch Fisch und Muscheln
- ━ schmeckt jung, kann aber auch bis 3 Jahre liegen

❶-❸

Bergheim

Ribeauvillé

Kaysersberg

Eguisheim

Rouffach

Guebwiller

Mülhausen

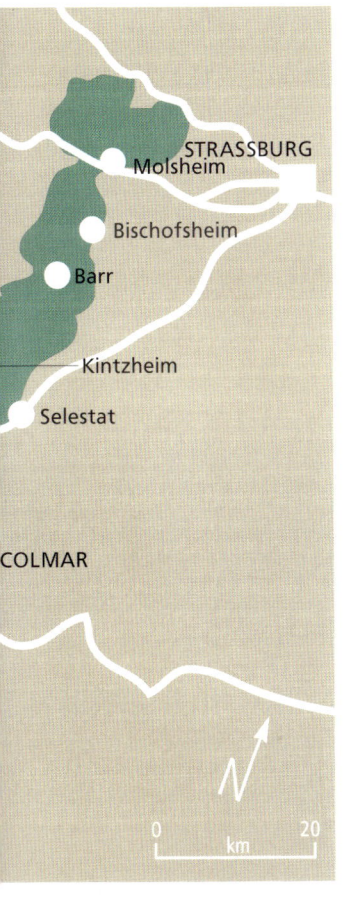

STRASSBURG
Molsheim

Bischofsheim

Barr

Kintzheim

Selestat

COLMAR

0   20
km

Tokay Pinot gris

- üppig, rund, kräftige Farbe und komplexe Aromen, langer Abgang
- weißes Fleisch, Geflügel, Gänse- oder Entenstopfleber, Wildgerichte
- schmeckt jung am besten

Muscat d'Alsace

- leichte, spritzige Art, dezente Säure, aromatisch, Bukett von frischen Früchten
- besonders als Aperitif geschätzt, sonst zu deftigen Vorspeisen, Fisch
- gute Qualitäten sind viele Jahre lagerfähig

Pinot noir

- süffig, meist erdbeerrot, frische Säure, fruchtige Aromen von Kirschen
- Vorspeisen, Geflügel, Rinderbraten, Wild- und Lammgerichte
- kann 1 bis 3 Jahre lagern

Die genannten Rebsorten findet man über das gesamte Anbaugebiet verteilt.

Eine Weinreise von Nord nach Süd

Aufgereiht wie an einer Perlenschnur liegen die Weinberge des Elsass entlang der Route des Vins d'Alsace (Elsässische Weinstraße), die sich auf mehr als 170 Kilometern von Nord nach Süd quer durch die Rebhänge windet. Zahlreiche gut markierte Pfade (sentiers vinicoles) laden dazu ein, auf diesem Wege die Arbeit im Weinberg und vor allem die unterschiedlichen Rebsorten und Böden näher kennenzulernen.

Beginnend im Norden, an der Pforte der elsässischen Weinstraße, kommt man zunächst nach Marlenheim. Hier liegt der »Steinklotz«, eine Grand-cru-Lage mit einem außergewöhnlichen Boden. In einer Höhe von 200 bis 300 Metern ruht dieser stark abfallende Weinberg auf einem kalkhaltigen Block, der nur von 20 Zentimeter fruchtbarem Boden bedeckt ist. Durch seine günstige Süd-Ost-Lage verfügt der Steinklotz über eine optimale Sonneneinstrahlung, sein steiniger Untergrund begünstigt die Wärmeaufnahme und das trockene und sehr warme Umfeld stellt ein ideales Mikroklima für den Anbau von Gewürztraminer, Pinot gris und Riesling dar.

Etwas weiter im Süden, Richtung Molsheim, liegen die Grand-cru-Lagen Engelberg, Altenberg de Bergbieten, Altenberg de Wolxheim und Bruderthal. Vor allem ausgezeichnete Gewürztraminer und Riesling wachsen auf dem Engelberg, der aufgrund seiner Südlage und seiner relativ steil abfallenden Hänge die Sonneneinstrahlung optimal ausnutzt. Der alte Weinberg, der schon 884 urkundlich erwähnt wurde, steht auf kalkmergeligen, nicht sehr tiefen Böden, die harmonische Weine mit einem stattlichen Bukett und feinen Aromen hervorbringen. Die Altenberg-Lagen in Bergbieten und Wolxheim liegen beide in einer Höhe von 200 bis

Die Altstadt von Straßburg mit ihren schönen Fachwerkhäusern zieht jedes Jahr Tausende von Besucher an.

265 Metern. Während für die Weine aus dem Terroir um Bergbieten das lang anhaltende Aroma und die erstaunliche Frische typisch sind, werden die Rieslinge und der Gewürztraminer aus Wolxheim vorwiegend in der Gastronomie eingesetzt, denn sie sind besonders lange lagerfähig. Erst im Lauf der Jahre entfalten diese Gewächse ihren kräftigen, harmonischen Körper, und die für die kalkmergelhaltigen Böden spezifisch feinen Aromen kommen zur Geltung. Auch die Lage Bruderthal ist hauptsächlich mit Riesling und Gewürztraminer bepflanzt, aber auch Muscat und Pinot gris findet man hier. Die Weine überzeugen durch ihr vornehmes Bukett und ihre blumigen Aromen. Einige Jahre Lagerung tun den Weinen gut.

Der frische, trockene, einfache Silvaner wird seit dem Ende des 18. Jahrhunderts im Elsass angebaut. Seine Anbaufläche geht zugunsten des Pinot blanc und Pinot gris zurück.

Wein-Typ	★	♀¹	◉²	🍶	❶
Riesling Grand cru Steinklotz	★★ – ★★★★	feiner Menüwein	Vorspeisen, Fisch, helles Fleisch	2–4 Jahre	❷ – ❹
Riesling Grand cru Bruderthal	★★ – ★★★★	feiner Wein mit anhaltendem Aroma	Vorspeisen, Fisch, helles Fleisch	2–4 Jahre	❷ – ❹
Gewürztraminer Grand cru Altenberg de Wolxheim	★★ – ★★★★	aromareicher Weißwein	Pasteten, asiatische Küche, Apfeltorte	2–4 Jahre	❷ – ❹
Pinot gris Grand cru Engelberg	★ – ★★★	harmonischer Wein, vornehmes Bukett	Fisch, Geflügel	1–3 Jahre	❶ – ❸

¹ trinkreife Jahrgänge: S. 37; ² ideale Speisen zum Wein: S. 57

Auf Kalk gebaut

Auf dem Gebiet nördlich der Gemeinde Barr findet man fast einheitliche Böden: kalkmergelig, reich an Kalkblöcken oder Kalkgeröll. Die hier vorwiegend angebauten Gewürztraminer, Rieslinge und Pinot gris reifen etwas langsamer als auf anderen Böden, lassen sich gut lagern und entwickeln mit der Zeit einen kräftigen Körper und ein delikates, fruchtiges und würziges Aroma. Auch in der einstmals für Silvaner bekannten Lage »Zotzenberg« setzt man immer mehr auf die drei genannten Rebsorten. Einige Kilometer weiter südlich, um Andlau herum, wächst auf Steiger-Schiefer der Riesling Alsace Grand cru Kastelberg. Aus dieser einzigartigen Bodenkonstellation zieht der rassige Wein

Die Weinberge in der Nähe des Städtchens Sélestat sind mineralreich und schwer.

sein vornehmes Bukett und die Fähigkeit, auch noch nach vielen Jahren erstaunlich frisch zu schmecken. Schon ein paar Meter weiter wechselt das Terroir in einen sandig-lockeren Boden, wasserdurchlässig und leicht erwärmbar. Die Weine, vorwiegend Rieslinge, werden fein, sehr blumig und leicht fruchtig. Nahe der Gemeinde Nothalten liegt der Muenchberg, auf dem schon seit dem 12. Jahrhundert Rebstöcke wachsen. Trotz des armen Bodens, der jedoch über eine ausgezeichnete Bewässerung verfügt und schnell erwärmbar ist, wachsen hier vor allem edle Rieslinge.

Das Städtchen Obernai, idyllisch und vielbesucht.

Bis nach Dambach-la-Ville zieht sich das Département Bas-Rhin, in dem 13 der insgesamt 50 Grands-crus-Appellationen liegen. Um die kleine mittelalterliche Stadt findet man meistenteils Granitböden, die besonders wasserdurchlässig sind und Wärme speichern können. Besonders die Rieslinge und Gewürztraminer aus der Lage »Frankenstein« schätzen diese Bodeneigenschaften und zeigen sich reich an sehr feinen, blumigen Aromen.

Wein-Typ	★	♀[1]	☕[2]	🍾	❶
Silvaner	★ – ★★	frischer Zechwein	Vorspeisen, Sushi, deftige Speisen	1–2 Jahre	❶–❷
Riesling Grand cru Kastelberg	★★ – ★★★★	großer Riesling	Vorspeisen, Fisch	2–4 Jahre	❷–❹
Gewürztraminer	★ – ★★★	feiner, blumiger Wein	Vorspeisen, Pasteten, Kuchen	1–3 Jahre	❶–❸

[1] trinkreife Jahrgänge: S. 37; [2] ideale Speisen zum Wein: S. 57

Altes Land mit jungen Weinen

Etwa in der Mitte der Elsässischen Weinstraße über-
ragt seit Jahrhunderten die Hohe Königsburg das Land.

Von hier aus hat man einen wunderschönen Aus-
blick über die anliegenden Weinberge, die teilweise schon seit mehr als 1000 Jahren kultiviert werden. Der Praelatenberg, bereits 823 erwähnt, liegt
in einer Höhe von 250 bis 350 Metern in südöst-
licher Lage. Auf dem schweren, kieselhaltigen, mi-
neralreichen Boden wachsen Riesling, Gewürztraminer, Pinot gris und Muscat d'Alsace, die erst
nach längerer Reifezeit ihre typischen Eigenschaften entwickeln. Auf dem Gebiet der Gemeinden
Rodern und Saint-Hippolyte wachsen hauptsächlich Gewürztraminer und Pinot gris, die in den
grobkörnigen, sandigen Böden ideale Voraussetzungen finden. Die Weine überraschen durch ihre
Feinheit und Eleganz, haben ein ausgeprägtes Bukett und ein lang anhaltendes Aroma. In den Weinbergslagen um Bergheim, einige Kilometer weiter südlich, findet der Riesling wieder seine favorisierten
Bedingungen. Den Grands crus aus dem Kanzlerberg
sollte man jedoch einige Zeit gönnen, damit sich die
Aromen des schweren Bodens voll entfalten können.
Rund um Ribeauvillé findet man die drei Grands-crus-
Lagen Geisberg, Kirchberg und Osterberg. Die Weine
dieser Rebhänge sind geprägt von der nährstoffreichen,
tonhaltigen Erde, die mit mergeligem Muschelkalk
durchsetzt ist. Jung zeigt der Riesling hier ein spritzi-
ges, leicht würziges Pfefferbukett, mit zunehmendem
Alter rundet sich das Aroma und bringt mineralische
Noten hervor, eine Eigenart der Kalkmergelböden. Die
Gewürztraminer entwickeln Rosen-, manchmal auch
Veilchenaromen mit feinen, würzigen Nuancen.

Auf den groben, sandigen
Böden rund um St. Hippolyte
werden hauptsächlich
Gewürztraminer und Pinot
gris angebaut.

In den Weinbergen von
Ribeauvillé gedeihen Weine
von besonderem Charakter:
pfeffrig, würzig und
mineralisch.

Die unterschätzte Rebsorte: Gewürztraminer

Während in den Weinbergen, die zwischen Riquewihr und Zellenberg liegen, der Riesling König ist, wachsen rings um die kleine Gemeinde Zellenberg fruchtige Gewürztraminer, Pinot gris und Muscat, denen es nicht an Fülle fehlt. Auch die Wein-

Idylle pur: ein Fachwerk-häuschen in Riquewihr.

berge der Gemeinde Beblenheim sind vorwiegend mit Pinot gris und Gewürztraminer bestockt. Der schwere, steinige Boden aus Kalkgeröll und zwischengelagertem Mergel gibt den Weinen eine schöne, intensiv goldenen Farbe und reife, sehr feine Aromen. Je weiter man Richtung Colmar kommt, umso stärker wird der Einfluss des Gewürztraminers. Im Mandelberg, der Grand-cru-Lage zwischen den Gemeinden Mittelwihr und Beblenheim, nimmt er 40 Prozent der 22 Hektar großen Lage ein, in der 55,5 großen Lage »Marckrain« ist er auch die dominierende Rebsorte. Die günstige süd- und südöstliche Lage und das für die Gegend bekannte Klima lassen den Gewürztraminer zu perfekter Harmonie reifen: rassig, kräftig, mit komplexen Aromen.

Wein-Typ	★	🍷[1]	🍽[2]	🍾	❶
Pinot gris Grand cru Sporen	★★ – ★★★	eleganter Wein	Vorspeisen, Geflügel, helles Fleisch	1–2 Jahre	❷– ❸
Riesling	★★ – ★★★★	feiner Menüwein	Vorspeisen, Fisch	2–4 Jahre	❷–❹
Gewürztraminer Grand cru Marckrain	★ – ★★★	rassiger Wein	Vorspeisen, Pasteten, Kuchen	1–3 Jahre	❶–❸

[1] trinkreife Jahrgänge: S. 37; [2] ideale Speisen zum Wein: S. 57

Top-Lagen in der Colmarer Gegend

Die Devise von Paul Blanck in Kientzheim lautet: »Pas d'excuses« – keine Entschuldigungen. Für ihn zählt das Resultat in der Flasche und nicht, wie das Wetter während des Jahres gewesen ist.

Die Lage »Mambourg« in Sigolsheim gibt es bereits seit 783. Zahlreiche Klöster bauten hier ihre Weine an.

Kurz vor Colmar liegt in Sigolsheim die Grand-cru-Lage Mambourg, einer der Weinberge, die am weitesten in die elsässische Ebene hinunterreichen. Der Ertrag dieser Lage ist nie sehr hoch, dafür aber die Qualität. Auf dem kalkmagnesiumhaltigen Boden wachsen vornehmlich Gewürztraminer, aber auch Pinot gris, Muscat und Riesling. Zwei der berühmtesten Elsässer Lagen gehören zu der Gemeinde Kientzheim: Furstentum und Schlossberg. Der Furstentum zählt 30,5 Hektar, die mit Riesling, Gewürztraminer und Pinot gris bepflanzt sind. Die Weine des über 80 Hektar großen Schlossbergs zeichnen sich durch ein reiches, blumiges Bukett von großer Feinheit aus. Die Rieslinge, Gewürztraminer, Pinot gris und Muscats erreichen ihre volle Reife erst nach einigen Jahren. Im Sommerberg, einer Lage am Fuße des Granit-Massives von Trois-Epis, gedeihen auf rund 28 Hektar alle elsässischen Rebsorten. Etwas weiter südlich wachsen um die kleine mittelalterliche Stadt Turckheim feine, subtile

Colmar ist mit nur 550 Millimeter Niederschlag im Jahr einer der trockensten Orte in Frankreich. Im Durchschnitt gibt es hier nur an 15 Tagen im Jahr Frost.

Weine mit einem ganz besonders fruchtigen Bukett. Den jungen Weinen aus der Wintzenheimer Lage »Hengst« sagt man dagegen einen »wilden Charakter« nach, der in der Lagenbezeichnung schon angedeutet wird. Nach einigen Jahren im Keller werden auch diese Gewürztraminer, Pinot gris und Rieslinge geschmeidiger und harmonisch.

Prima Klima für Spitzenweine

Südlich von Colmar liegen noch 16 klassifizierte Grands-crus-Lagen. Rund um Wettolsheim und Eguisheim gibt es die geringsten Niederschläge in der ganzen Colmarer Gegend. Das besonders trockene und warme Mikroklima lässt die Weine optimal reifen, der nährstoffreiche, kalkhaltige Boden verleiht ihnen Kraft und Eleganz. Feine Weine wachsen auch um die Gemeinden Hattstatt und Voegtlinshoffen. Ein Groß-

Elsässer Keramik ist nicht nur ein beliebtes Souvenir, sondern auch Gebrauchsgegenstand.

teil der Weinberge steht hier auf dem Rheingrabenrand, der mit seinem tiefen und gut durchwässerten Boden ideale Voraussetzungen für den Weinbau bietet. Schon 735 wurde das Städtchen Gueberschwihr als Weinort urkundlich erwähnt und noch heute stehen hier Gewürztraminer, Muscat, Pinot gris und Riesling in dieser Tradition. Besonders die Gewürztraminer Grand cru Goldert sind bemerkenswert harmonisch. In Pfaffenheim, Westhalten und Rouffach herrscht ein relativ trockenes Klima. Geschützt durch die Vogesengipfel, reifen hier Weine, die erst nach einigen Reifejahren ihre ganze Aromenvielfalt zeigen. Die Grand-Cru-Lage Vorbourg, zwischen Rouffach und Westhalten gelegen, zählt zu den trockensten und sonnenreichsten Lagen des Elsass. Etwas weiter südwestlich erstreckt sich die alte Weinlage »Spiegel«, deren Pinot gris besonders fein, vollmundig, samtig und körperreich schmecken. Die Rieslinge aus den alten Weinbergen sind ebenfalls von einer beachtlichen

Finesse und Rasse, und die meist trockenen, würzig-aromatischen Gewürztraminer schmecken in manchen Jahren besonders geschmeidig und mild. Die Gemeinde Guebwiller, in deren Grenzen auch ein Teil der Grand cru-Lage Spiegel liegt, kann mit den Lagen »Kessler«, »Kitterlé« und »Saering« drei weitere klassifizierte Rebhänge vorweisen. Der südlichste Weinberg des Elsass ist zugleich auch einer der besten. Der »Rangen«, dessen Weine seit dem 13. Jahrhundert durch Urkunden belegt sind, ist die einzige Lage im Elsass mit vulkanischem Boden. Die knapp 19 Hektar große Rebfläche ist mit Riesling, Pinot gris und Gewürztraminer bestockt. Der Grand cru Rangen ist ein Lagerwein, der die Eigenschaften des Terroir voll aufnimmt. Die relativ alkoholreichen Rieslinge zeigen eine ausgewogene, angenehme Säure, sind elegant und von einer feiner Fruchtigkeit, Gewürztraminer und Pinot gris präsentieren sich dagegen eher kräftig und rassig mit Primäraromen.

Der Gewürztraminer ist eine der vier Rebsorten, die in der AOC Alsace Grand cru zugelassen sind.

Wein-Typ	★	🍷¹	🥖²	🍾	❶
Pinot gris »Reserve«	★ – ★★★	feiner Menüwein	Vorspeisen, Geflügel, helles Fleisch	1–2 Jahre	❷– ❸
Riesling Grand cru Hengst	★★ – ★★★★	eleganter Menüwein	Vorspeisen, Fisch, weißes Fleisch	2–4 Jahre	❷– ❹
Gewürztraminer Grand cru Furstentum	★★ – ★★★	rassiger Wein	Vorspeisen, Pasteten, Kuchen	1–5 Jahre	❶– ❸
Muscadet Grand cru Vorbourg »Vendanges Tardives«	★★ – ★★★★	eleganter Wein	Vorspeisen, Dessert, weißes Fleisch	2–7 Jahre	❷– ❹
Gewürztraminer Furstentum »Sélection de Grains Nobles	★★★ – ★★★★★	edelsüßer Wein	Gänse- und Entenstopfleber, leichte Vorspeisen, Pasteten, Dessert	1–3 Jahre	❸– ❺

¹ trinkreife Jahrgänge: S. 37; ² ideale Speisen zum Wein: S. 57

Die perfekte Harmonie: Wein & Speisen

Wer ins Elsass kommt, den begeistern die vielen kulinarischen Möglichkeiten, die es zwischen Sauerkraut und Gänsestopfleber gibt: für jeden Geldbeutel, für jeden Geschmack und für jeden Wein. Denn im Elsass trinkt man natürlich »Elsässer«, und es findet sich in der breiten Wein-Palette immer das passende Gewächs zum Essen.

Gut und deftig

Die historische Küche des Elsass ist eine deftige und kalorienreiche Angelegenheit, die man in einigen Gaststuben und einfachen Restaurants noch finden kann. Das Schwein war und ist das zentrale Tier dieser rustikalen, aber nicht unfeinen Küche. Pasteten, Sülzen, Speck, Haxen, gefüllter Saumagen, Presskopf und die berühmten Würste lassen noch heute die Tische biegen und die guten Vorsätze vergessen. Fast schon ein kalorienarmes Kontrastprogramm sind dagegen die hauchdünnen Flammkuchen und Zwiebelkuchen, die in den vielen gemütlichen »winstubs« zu einem einfachen Glas Wein angeboten werden. Wer davon noch nicht satt wird, der kann als nächstes eine *tarte gratinée,* mit Käse überbacken, und anschließend eine Tarte mit flambierten Äpfeln bestellen. Ein Klassiker ist das *choucroute royale,* eine riesige Platte mit Sauerkraut, Mett- und Knackwürstchen, Schweinebauch, Haxe, Kassler und Kartoffeln. Das Nationalgericht des Elsass ist jedoch der *Baeckeofe* (Bäckerofen): Verschiedene Fleischsorten, Möhren, Kartoffeln und Zwiebeln kommen in eine ofenfeste Keramikform und werden mit einer Flasche Riesling oder Silvaner übergossen. Die

Das choucroute royale ist auf jeder elsässischen Speisekarte zu finden.

Links: Von deftig bis fein, elsässische Küche bietet für jeden Geschmack etwas.

Kunstvoll gearbeitete Gast-
hausschilder laden zum
Genießen ein.

Tarte in allen Variationen:
ein Genuss zu aromatischen
Weinen.

Form wird mit Brotteig versiegelt und das Ganze bei niedriger Temperatur einige Stunden gegart. Auch der Elsässer *Coq au vin* (Huhn in Weinsauce) schwimmt vornehmlich im Riesling.

Harmonische Kombinationen

Neben dieser rustikalen Küche, die jedoch eine feine Handschrift trägt, existiert die »haute cuisine«, zu der Feinschmecker aus aller Welt pilgern. Die sternedekorierten Tempel der Kochkunst haben vielen Elsässer Gerichten und Köchen zu Ruhm und Ehre verholfen, die *Pâté de foie gras de Strasbourg aux truffes du Périgord* (Gänsestopfleber mit Perigord-Trüffeln) trat von hier aus ihren Siegeszug in die ganze Welt an. Natürlich finden die authentische Küche, die genießerische Esskultur und die einfachen Mahlzeiten ihre ideale Verbindung mit den Elsässer Weinen. Doch wenn es um den passenden Wein zur passenden Speise geht, gibt es im Grunde nur eine Regel: Es muss Ihnen schmecken. Längst ist man über Geschmacksvorschriften erhaben – heute ist erlaubt, was gefällt. Und dennoch gibt es geschmackliche Zusammenhänge, die für die Harmonie von Wein und Speisen von Bedeutung sind. So sollte der Wein den Geschmack des Essens unterstreichen, aber nicht überdecken oder erschlagen. Der Riesling ist nicht nur der ideale Wein für den *Coq au riesling* und andere Geflügelgerichte, auch die verschiedenen Fische wie Zander, Forelle oder ein Fischeintopf verstehen sich gut mit diesem Elsässer Gewächs. Da man hier, wie überall in Frankreich, in vielen Restaurants frische Meeresfrüchte essen kann, bietet sich auch zu Austern, Muscheln und Krustentieren ein frischer Riesling an. Zum klassischen Elsässer Sauerkraut empfiehlt sich dagegen ein Pinot gris, der etwas säurearmer als der Riesling ist. Dieser mittelkräftige Wein ist auch der ideale

Viele Gäste haben ihre Lieblingsweinstube, in der rustikale Gerichte die perfekte Ergänzung in den einheimischen Weinen finden.

Begleiter für den tradtionellen französischen *Pot au feu* – eine Art Eintopf – und für Wildgerichte, wie etwa den Fasan, die einen nicht zu strengen Eigengeschmack haben. Überhaupt harmoniert weißes Fleisch gut mit den dezenten aber komplexen Aromen des Pinot gris. Durch seine manchmal leicht rauchigen Aromen kann man ihn auch anstelle eines leichten Rotweines trinken.

Der Pinot noir mit seinen Gerbstoffen zeigt dagegen eine schöne Harmonie mit den mildwürzigen und eigenwilligen Aromen des Lammfleisches, passt aber auch hervorragend zu allen Schmorbraten, die beim Garen immer einen Schuss Rotwein vertragen. Sehr blumige und würzige Aromen, wie die des Gewürztraminers, harmonieren nicht nur mit den verschiedensten Desserts, wie etwa einer lauwarmen Apfeltorte oder einem Mango-Sabayon, sondern entfalten sich genauso gut zu exotischen Gerichten. Die kräftigen Aromen eines frischen Silvaners, Birne, Stachelbeere, Minze und Rauch, begleiten am besten deftige Vorspeisen. Edelsüße Weine harmonieren ausgezeichnet mit Frucht- und Obstsalaten mit Eis.

Von elsässischen Speisekarten nicht wegzudenken: der Kohl, Ausgangsprodukt für das choucroute, das Sauerkraut.

Welche Weine zu welchen Speisen?

Weintyp	Weine
 einfacher, trockener Weißwein	Silvaner, Riesling, Pinot gris, Pinot blanc (S. 43)
 gehaltvolle Weißweine	Riesling, Pinot gris, Pinot blanc, Gewürztraminer, Muscat (S. 43)
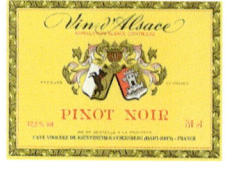 Rotwein	Pinot noir (S. 41)
 Vendanges Tardives (Spätlesen)	Riesling, Pinot gris, Gewürztraminer, Muscat (S. 33)
 Sélections de Grains Nobles (Auslesen)	Gewürztraminer, Riesling, Pinot gris, Muscat (S. 33)
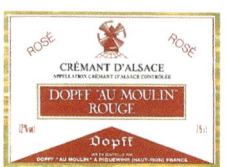 Sekt/Schaumwein	Crémant d'Alsace (S. 35)

zur Wahl der Jahrgänge: siehe Trinkreife-Tabelle S. 37

Elsässische Gerichte	Speisen generell	
Zwiebelkuchen, Tarte flambée, Schnecken, Quiches, Sauerkraut, Schiffala (Geräucherte Schweineschulter)	Spargel, Eierspeisen, Aufschnitt	
Fruits de mer (Merresfrüchte), Gänseleber-Brioche, Coq au Riesling (Hahn in Riesling), Zanderfilet in Riesling, Matelote (Fischragout in Riesling), Baeckeofe (Bäckerofen)	Geflügel, weißes Fleisch, Teigwaren	
Münstertaler Pastete, Ente, Gigot d'agneau (Lamm), Pavés de boeuf (Rinderbraten), Médaillons de cerf (Hirschmedaillons), Frischkäse, Ziegenkäse	Lammfleisch, Schmorbraten, Rinderbraten, Wildgerichte	
Foie gras (Gänse-Entenstopfleber), Apfelkuchen, Quarktorte, Birewecke (Früchtebrot), Munsterkäse	pikanter Käse, Desserts	
Munster und Roquefort-Käse, Mousse au chocolat, Ziegenkäse	Obst- und Fruchtsalate, Eis	
als Aperitif; zu Meeresfrüchten, Fleischtorten, Kugelhopf (Gugelhupf)	Krustentiere, warme Vorspeisen, Kuchen, Torten	

Die schönsten Güter, die besten Weine

Wer entlang der rund 170 Kilometer langen Weinstraße durch das Elsass fährt, der kommt am Wein gar nicht vorbei, in jedem Ort gibt es Weingüter. Um Ihnen einen Überblick über das Angebot zu verschaffen, haben wir eine Auswahl der Güter getroffen, deren Weine wir für empfehlenswert halten.

Alle Weingüter, die wir in diesem Buch porträtiert haben, sind für die beständige Qualität ihrer Weine bekannt. Die Klassifizierung ★ – ★★★★★ besagt, dass beim genannten Weingut die ganze Palette vom leichten Trinkwein bis zu internationalen Spitzengewächsen zu bekommen ist. Die Preise für diese Weine erfahren Sie aus den genannten Preissymbolen ❶ – ❺. Was genau sich hinter den Symbolen ★ – ★★★★★ und ❶ – ❺ verbirgt, können Sie auf Seite 39 nachlesen.

Viele der genannten Betriebe können Sie besuchen. Aus diesem Grund finden Sie bei allen Weingütern die vollständige Adresse inklusive Telefonnummer. Wenn Sie einen Betrieb besichtigen möchten, lesen Sie bitte auf den Seiten 72–73 nach, worauf Sie achten sollten.

Am Puls der Zeit

Preise, Qualitäten und Beurteilungen eines Weines können sich von Jahrgang zu Jahrgang unterscheiden. Damit Sie immer auf dem neuesten Stand sind, bietet die Vinoteca einen besonderen Service: Auf unserer Homepage im Internet finden Sie unter der Adresse www.vinoteca.falken.de eine Seite mit den jeweils aktuellen Weinbeschreibungen, die von professionellen Verkostern betreut wird.

Links: Weinfässer sind im Elsass keine Dekorationsobjekte, sondern nach wie vor im Einsatz!

Die genannten Preise beziehen sich auf den Verkauf ab Hof.

Caves Jean-Baptiste Adam ★ – ★★★★

5, rue de l'Aigle, F-68770 Ammerschwihr
Tel. 00 33/3 89 78 23 21, Fax 3 89 47 35 91

In der Familie Adam blickt man auf eine lange Weinbautradition zurück.
Schon 1614 wurden im Gut Trauben gekeltert. Zu den Besonderheiten des Hauses gehört neben einer Auswahl an Spätlesen und Beerenauslesen die »Cuvée Jean-Baptiste« ❹, deren Traubengut ausschließlich in den besten Lagen reift. Wichtigste Rebsorten sind Riesling ❷–❸, Gewürztraminer ❹ und Tokay Pinot gris ❸–❺.

Lucien Albrecht ★ – ★★★

9, grand rue, F-68500 Orschwihr
Tel. 00 33/3 89 76 95 18, Fax 3 89 76 20 22

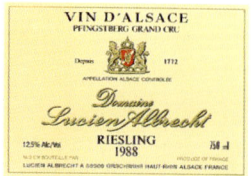

Die ersten urkundlichen Belege für dieses Weingut reichen bis ins Jahr 1770 zurück.
Heute überzeugen vor allem die Rieslinge und Gewürztraminer des Hauses. Besonderheit ist unter anderem die Cuvée Martine, die nach einer der Töchter des Besitzers benannt ist.

Yves Amberg ★ – ★★★

19, rue Fronholz, F-67680 Epfig
Tel. 00 33/3 88 85 51 28, Fax 3 88 85 52 71
Seit gut 10 Jahren ist Yves Amberg für die Weine aus dem väterlichen Weingut verantwortlich, und er macht seine Sache sehr gut. Vor allem seine saftigen, trockenen Rieslinge ❷–❹ aus dem 9 ha großen Gut haben eine richtige Fangemeinde und auch die selbst destillierten Eaux-de-vie (Schnäpse) sind probierenswert. Die Rotweine werden zum größten Teil in der Barrique ausgebaut.

Domaine Barmès Buecher ★ – ★★★★

30, rue de Sainte Gertrude, F-68920 Wettolsheim
Tel. 00 33/3 89 80 62 92, Fax 38 979 30 80

Seit 1985 stehen Geneviève Buecher und François Barmès an der Spitze dieses Weinguts und bewirtschaften eine Rebfläche von 16 ha ton- und mergelkalkhaltige Böden, die elegante, vielschichtige und fruchtige Weine hervorbringen. Beiden liegt der Respekt der Natur am Herzen und so werden die Weine, darunter Riesling ❷–❺, Pinot blanc ❷, Gewürztraminer ❷–❺ und Pinot gris ❷–❺, nach biodynamischen Gesichtspunkten ausgebaut.

François Baur ★ – ★★★

3, grand rue, F-68230 Turckheim
Tel. 00 33/3 89 27 06 62, Fax 3 89 27 47 21
Das kleine Städtchen Turckheim ist voller Traditionen und auch die Familie Baur kann auf über 250 Jahre Weinbautradition zurückschauen. Auf 11 ha Anbaufläche werden die klassischen Elsässer Reben abgebaut, die Preise der trockenen, fruchtigen Weine liegen zwischen 10 und 40 Mark ab Keller.

Caves de Beblenheim ★ – ★★★

au Château, F-68980 Beblenheim
Tel. 00 33/3 89 47 90 02, Fax 3 89 47 86 85
Die 1952 gegründete Genossenschaft hat in
den letzten Jahren viel in die Kellertechnik inves-
tiert. Und das macht sich bezahlt. Denn die Weine sind durchweg empfehlenswert, vor allem die
Gewürztraminer ❶–❸ und die Rieslinge ❶–❸
überzeugen durch ihre fruchtige Art. Die günstigen Weine der Genossenschaft werden unter
der Handelsmarke Baron de Hoen und Heimber-
ger angeboten.

Jean-Pierre Bechthold ★ – ★★★

49, rue Principale, F-67310 Dahlenheim
Tel. 0033/388506657, Fax 388506734
Riesling, Gewürztraminer und Pinot gris sind die
Rebsorten, mit denen sich der junge Jean-Marie
Bechthold am liebsten beschäftigt. Die Weine
reifen zu 70 % im Holzfass, vergoren wird dabei
ohne Reinzuchthefen. Vom Barrique-Ausbau, so-
wohl bei weißen wie auch bei den roten Sorten,
ist der jungen Winzer nicht hundertprozentig
überzeugt, auch wenn die Kundschaft solche
Weine verlangt. Die »Barrique-Experimente« sind
aber zumindest probierenswert. Spitzenweine
sind der Riesling Engelberg ❷, Gewürztraminer
Engelberg ❷, eine Gewürztraminer Cuvée Presti-
ge ❷ und Pinot gris »E«, ❷.

Jean Becker ★ – ★★★

4, route d'Ostheim, F-68340 Zellenberg
Tel. 00 33/3 89 47 90 16, Fax 3 89 47 99 57

Die Geschwis-
ter Becker ha-
ben sich die
Arbeit geteilt.
Martine hat
den Vertrieb
übernommen,
ihr Bruder Jean-Philippe zeichnet für die Vinifika-
tion verantwortlich. Was dabei herauskommt,
sind schlanke, elegante Weine, die in Holzfässern und Stahltanks reifen und erst im Sommer
abgefüllt werden. Der Spitzenrotwein »F«

stammt aus der Grand-cru-Lage Froehn und
wird in der Barrique ausgebaut. Neben den klassischen Rebsorten kommt auch der Chasselas
(Gutedel) bei den Beckers wieder zu Ehren. Dieser trockene, spritzige Wein überzeugt durch
einen erstaunlichen Charakter. Andere Spitzenweine: Riesling Froehn ❷, Gewürztraminer
Froehn ❷, Pinot gris SGN, ❸.

Léon Beyer ★★ – ★★★★

2, rue de la 1ère Armée, F-68420 Eguisheim
Tel. 00 33/3 89 21 62 30, Fax 3 89 23 93 63

Das Traditionsun-
ternehmen, des-
sen Weine in alle
Welt exportiert
werden und das
1867 gegründet
wurde, wird heute von Léon und seinem Sohn
Mark geleitet. Die trockenen Weine sind lebhaft
und rassig, die Spätlesen vollmundig. Wichtigste
Rebsorten sind Gewürztraminer ❸–❺, Riesling ❷–❺ und Pinot noir ❷–❸. Interessant: Die
beiden gehören zu denjenigen, die nichts von
der Einrichtung der Grands crus halten.

Domaine Paul Blanck et Fils ★ – ★★★★

32, grand-rue, F-68240 Kientzheim
Tel. 00 33/3 89 78 23 56, Fax 3 89 47 16 45
Frédéric und Philippe Blanck gelingt es seit Jahren, dass ihr 35 ha großes Weingut zu den zu-
verlässigsten Gütern im Elsass zählt. Neben Riesling und Gewürztraminer konzentrieren sie sich
hauptsächlich auf den Anbau von Pinot blanc
und Tokay Pinot gris. Probierenswert sind ihre
Auslesen und Beerenauslesen und der Pinot noir
»F«, der zu den besten Rotweinen des Elsass
gehört. ❷–❺

Domaine Bott Frères ★ – ★★★★

13, avenue du Général de Gaulle, F-68150 Ribeauvillé
Tel. 00 33/3 89 73 22 50, Fax 3 89 73 22 59

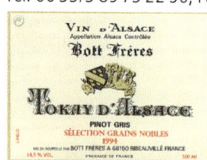 Seit 1835 wird in der Domaine Bott Frères Wein angebaut. Von Generation zu Generation wurde die Liebe zum Wein weitergegeben. Heute zählt das Weingut zu den bekannten Adressen im Elsass. Auch hier stehen Riesling ❶–❸, Gewürztraminer ❷–❹ und Tokay Pinot gris ❷–❺ an oberster Stelle. Die Weine reifen zum Großteil in über hundertjährigen Eichenholzfässern, was ihnen ein besonders aromatisches Bukett verleiht.

Domaine Bott-Geyl ★ – ★★★★

1, rue du Petit Château, F-68980 Beblenheim
Tel. 00 33/3 89 47 90 04, Fax 3 89 47 97 33

 Seit 1993 bewirtschaftet Jean-Christophe Bott das 13 ha große Familienweingut mit steigendem Erfolg. Er profitiert dabei von seinen Erfahrungen, die er in Australien, Südafrika und bei europäischen Winzern gesammelt hat. Wichtigste Erkenntnis und eines seiner Erfolgsgeheimnisse: die strikte Ertragsbegrenzung. Dominierende Rebsorten sind Riesling, Auxerrois & Pinot blanc und Gewürztraminer. Beste Weine: Tokay Pinot gris Grand cru Sonnenglanz ❸ und Riesling Grand cru Mandelberg ❸.

Albert Boxler ★ – ★★★★

78, rue des Trois Èpis, F-68230 Niedermorschwihr
Tel. 00 33/3 89 27 11 32, Fax 3 89 27 70 14

 Jährlich gibt es rund 55 000 Flaschen aus dem 10 ha großen Weingut, und die sind schnell vergriffen, denn die Boxlers setzen kompromisslos auf Qualität und das spricht sich schnell herum. Die trockenen Rieslinge ❷–❸ mit viel Extrakt, Würze und der typischen saftigen Säure gehören längst zu den besten, die das Elsass zu bieten hat. Die Weine werden ausschließlich in Holzfässern und Stahltanks ausgebaut. Zu den Spitzenweinen des Gutes zählen: Riesling Sommerberg und Pinot gris Sommerberg ❸ sowie Spätlesen und Auslesen von Riesling und Pinot gris.

Cave Vinicole de Cleebourg ★ – ★★★

route du vin, F-67160 Cleebourg
Tel. 00 33/3 88 94 50 33, Fax 3 88 94 57 08

 Die 1946 gegründete Erzeugergemeinschaft mit 190 Mitgliedern ist die nördlichste im Elsass. Mit einer Jahresproduktion von 12 000 hl zählt sie zwar nicht zu den Großen des Anbaugebietes, aber aufgrund ihrer hohen Qualitätsanforderungen sind die Cleebourger Winzer bei Weinprämierungen immer vorne mit dabei. Wichtigste Sorten sind Pinot blanc-Auxerrois ❶–❷, Tokay Pinot gris ❷ und Riesling ❶–❷. Der Pinot noir, der hier gekeltert wird, ist einer der nördlichsten Rotweine Frankreichs.

Marcel Deiss ★ – ★★★★

15, route du vin, F-68750 Bergheim
Tel. 00 33/3 89 73 63 37, Fax 3 89 73 32 67
Für Jean-Michel Deiss ist das Terroir ganz ent-
scheidend und es muss bei allen Weinen heraus-
zuschmecken sein. Vielleicht ist das auch ein
Grund, warum Deiss eine Auslese strikt ablehnt.
Dafür setzt der Winzer kompromisslos auf Qua-
lität und erntet kleinste Erträge, die erstaunliche
Weine hervorbringen: enorm konzentrierte Ge-
wächse mit überzeugend vollen Aromen. Ausge-
baut werden die Weine ausschließlich im Holz-
fass, nur der Pinot noir Burlenberg VV reift in der
Barrique. Die Weine von Jean-Michel Deiss werden nicht chaptalisiert, gären dafür sehr lange
und lagern häufig ein ganzes Jahr auf der Hefe.
Spitzengewächse: Grand Vin d'Altenberg ❸,
Riesling und Pinot gris Altenberg ❸, Riesling
Schoenenbourg ❸.

Dirler ★ – ★★★

13, rue d'Issenheim, F-68500 Bergholtz
Tel. 00 33/3 89 76 91 00, Fax 3 89 76 85 97
Jean Dirler hat das Weingut 1871 gegründet
und zählte zu den Pionieren des Crémants, der
vor hundert Jahren noch Vin Mousseux hieß.
Heute erzeugt das Traditionsgut ausschließlich
Weine, die sich mehr an der Säure als am Most-
gewicht orientieren. Empfehlenswert ist der Pi-
not noir ❶–❸, der durch den zarten Holzein-
satz geprägt ist und viel Potenzial hat und der
Gewürztraminer aus der Grand-cru-Lage
Spiegel ❸–❺.

Dopff & Irion ★ – ★★★

Château de Riquewihr, F-68340 Riquewihr
Tel. 00 33/3 89 47 92 51, Fax 3 89 47 98 90

 Sitz des ehe-
maligen Fami-
lienunterneh-
mens ist das
beein-
druckende
Schloss der
Herzöge von Württemberg. Obwohl die Weine
der insgesamt fünf zum Château gehörenden
Domänen stets einen soliden Eindruck machen,
sind Spitzengewächse in manchen Jahren eher
die Ausnahme. Empfehlenswert sind die Produk-
te aus den eigenen Weinbergen jedoch allemal.
Jede Domäne hat sich auf die Anpflanzung der
für den jeweiligen Boden am besten geeigneten
Rebsorte spezialisiert. »Les Murailles« auf Riesling, »Les Sorcières« auf Gewürztraminer, »Les
Amandiers« auf Muscat, »Les Maquisards« auf
Tokay Pinot gris und »Les Tonelles« auf Pinot
noir. Mehr als ein Drittel der gesamten Rebfläche ist als Grand cru klassifiziert. ❶–❺

Domaine André Fuchs ★ – ★★★

19, rue de la 1ère Armée, F-68240 Sigolsheim
Tel. 00 33/3 89 47 12 21, Fax 3 89 47 12 21
Das kleine Weingut in der Nähe von Kaysersberg
bringt jährlich rund 50 000 Flaschen auf den
Markt. Die junge Stéphanie, die nach dem Tod
des Vaters ihr Literaturstudium aufgab und auf
Weinbau umsattelte, setzt auf Ganztraubenpres-
sung und eine langsame Gärung mit traubeneigenen Hefen. Die Weine reifen in Holzfässern
und Stahltanks. Empfehlenswert sind der Gewürztraminer aus der Grand-cru-Lage Mambourg ❷, der Pinot gris Mambourg ❷, und der
Gewürztraminer Vendanges Tardives ❷.

Willy Gisselbrecht & Fils ★ – ★★★

5, rue du Vin, F-67650 Dambach la Ville
Tel. 00 33/3 88 92 41 02, Fax 3 88 92 45 50

Das 1936 gegründete Weingut umfasst 17 ha Rebfläche. Neben eigenen Trauben verarbeitet Kellermeister Philippe Gisselbrecht auch zugekauftes Traubengut, dominierende Rebsorten sind Riesling ❷–❹, Pinot blanc ❷–❸, Silvaner ❷ und Gewürztraminer ❷–❹.

Domaine André & Rémy Gresser ★ – ★★★★

2, rue de l'Ecole, F-67140 Andlau
Tel. 00 33/3 88 08 95 88, Fax 3 88 08 55 99

Das Weingut wurde urkundlich erstmals im 16. Jahrhundert erwähnt. Die Philosophie des Hauses, die Weine nach umweltschonenden Richtlinien an- und auszubauen, wurde von Generation zu Generation weitergegeben. Inhaber Rémy Gresser hat maßgeblich an der Entwicklung der Grands crus mitgearbeitet. Wichtigste Rebsorten sind Riesling ❶–❺, Gewürztraminer ❷–❺ und Tokay Pinot gris ❷–❺. Ganzer Stolz des Hauses ist der Wiebelsberg Riesling Grand cru Vieilles Vignes ❸–❺.

Domaine Hering ★ – ★★★

6-8, rue Sultzer, F-67140 Barr
Tel. 00 33/3 88 08 90 07, Fax 3 88 08 08 54
Der Betrieb von Pierre und Jean-Daniel Hering wurde 1852 gegründet und umfasst heute 10 ha Rebfläche. Wichtigste Rebsorten sind Riesling und Gewürztraminer. Die »Cuvée du Chat noir« gehört zu den Spitzenweinen des Hauses. Ferner gibt es spritzige Crémants und schöne Rieslinge aus der Grand-cru-Lage Kirchberg.

Jean & Hubert Heywang ★ – ★★★

7, rue Principale, F-67140 Heiligenstein
Tel. 00 33/3 88 08 91 41, Fax 3 88 08 49 11
Der jetzige Betrieb der Familie Heywang besteht seit etwa 1950. Auf 6,5 ha werden vor allem Klevener de Heiligenstein ❷, Gewürztraminer ❷–❹, Riesling ❶ und Silvaner ❶ angebaut. Die Sorte Klevener de Heiligenstein gibt es im Dorf bereits seit 1700. Der Wein, der daraus gekeltert wird, ist leicht und frisch.

Hugel ★ – ★★★

3, rue de la Première Armée, F-68340 Riquewihr
Tel. 00 33/3 89 47 92 15, Fax 3 89 44 00 10

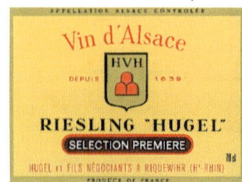

Der Name Hugel ist untrennbar mit dem Elsass verbunden, ist die Familie doch für die gesetzliche Etablierung der Begriffe Vendanges Tardives und Sélection de Grains Nobles verantwortlich und als Kämpfer für die Einführung der Grands crus bekannt. Das Weingut wurde bereits im 17. Jahrhundert gegründet und hat bis heute eine Vielzahl unnachahmlicher Qualitäten erzeugt. Das Angebot des Hauses umfasst drei Qualitätsstufen: normales Sortiment ❶–❸, Cuvée Tradition und Réserve Personelle ❸–❺. Ebenfalls beneidenswert gut: die älteren Jahrgänge.

Cave Vinicole d'Ingersheim Jean Geiler ★ – ★★★★

45, rue de la République, F-68040 Ingersheim
Tel. 00 33/3 89 27 05 96, Fax 3 89 27 51 24
Die 1926 eröffnete Kellerei besitzt das größte Eichenholzfass, das im Rheintal heute noch in Benutzung ist. Es fasst 35 400 Liter. Die jährliche Produktion der 200 Mitgliedsbetriebe liegt bei über 3 Millionen Flaschen pro Rebsorte und Terroir. Das Preis-Wert-Verhältnis stimmt. ❶–❺

Josmeyer ★ – ★★★★

76, rue Clemenceau, F-68920 Wintzenheim
Tel. 00 33/3 89 27 91 90, Fax 3 89 27 91 99

 Jean Meyer leitet das Weingut mit Passion und großem Respekt vor der Natur. Seine Weine sind ideale Speisenbegleiter, trocken, elegant und rassig. Lagerfähige Spitzengewächse stammen aus den Grand-cru-Lagen Brand und Hengst. Bewundernswert, dass Meyer es immer wieder schafft, trotz großer Erträge gute Qualitäten zu erzeugen. ❶–❺

Cave Vinicole de Kientzheim-Kayserberg ★ – ★★★★

rue des vieux moulins, F-68240 Kientzheim
Tel. 00 33/3 89 47 13 19, Fax 3 89 47 34 38
Die 1955 gegründete Genossenschaft setzt sich aus 150 Mitgliedsbetrieben zusammen, die ihre Trauben auf insgesamt 170 ha anbauen. Hauptrebsorten sind Riesling ❶–❹, Pinot blanc ❶ und Gewürztraminer ❷–❹. Aufgrund der vielfältigen Bodenbeschaffenheiten sind jedoch alle elsässischen Rebsorten im Sortiment vertreten.

André Kientzler ★ – ★★★★

50, route de Bergheim, F-68150 Ribeauvillé
Tel. 00 33/38 97 33 67 10, Fax 3 89 73 35 81
Die zumeist trocken ausgebauten Weine von André Kientzler gehören zur Spitze des Elsass, vor allem die komplexen und extraktreichen Rieslinge zählen zu den besten ihrer Art zwischen Straßburg und Colmar. Manchmal gibt es im Weingut auch Eisweine, die aber nur selten zu kaufen sind. Interessant und probierenswert ist der Auxerrois »K« ❷, der im Grand cru Kirchberg wächst. Kientzler baut seine Weine in Holzfässern und zu einem kleinen Teil in Stahltanks aus. Barriques finden im Weingut keine Verwendung. Zu den Spitzenweinen zählen neben dem Riesling Geisberg ❸ auch der Riesling Osterberg ❸ und die Spät- und Auslesen aus Riesling, Pinot gris und Gewürztraminer.

Domaine Klipfel ★ – ★★★

6, avenue de la Gare, F-67140 Barr
Tel. 00 33/3 88 58 59 00, Fax 3 88 08 53 18

 Der 1824 gegründete Betrieb ist heute ein reines Familienunternehmen mit 40 ha Rebfläche, davon 15 ha in der Spitzenlage Clos Zisser, dem Kastelberg und dem Wiebelsberg in Andlau. Der Weinkeller des Gutes gehört mit seinen 1600 Quadratmetern Lagerfläche zu den größten des Anbaugebiets. Inhaber André Lorenz hat hier Eichenholzfässer stehen, die bis zu 20 000 Liter fassen. Preise ab Keller: ❶–❺.

Marc Kreydenweiss ★ – ★★★★

12, rue Deharbe, F-67140 Andlau
Tel. 00 33/3 88 08 05 83, Fax 3 88 08 41 16
In den letzten 15 Jahren konnte Marc Kreyden-
weiss seine Spitzenposition unter den elsässischen Winzern immer weiter festigen. Er
bearbeitet seine 12 ha Rebfläche nach biodynamischen Gesichtspunkten und erzeugt
hervorragende Weine aus den Grands-crus-
Lagen Kastellberg, Wiebelsberg und Moench-
berg. ❸–❺

Kuentz-Bas ★ – ★★★

14, route du vin, F-68420 Husseren-les-
Châteaux
Tel. 00 33/3 89 49 30 24, Fax 3 89 49 23 39

Die vom Han-
delshaus
Kuentz-Bas er-
zeugten Weine
gliedern sich in
zwei Klassen:
die Cuvée Tra-
dition aus zugekauften Reben und die Réserve
Personnelle von Trauben aus eigenem Anbau.
Die ausgesprochen gute Qualität spricht für das
kleine Unternehmen. Die Weine sind schlank und
mineralisch, mit ausgeprägter Säure,
Preise: ❶–❺.

Seppi Landmann ★ – ★★★

20, rue de la Vallée, F-68570 Soultzmatt
Tel. 00 33/3 89 47 09 33, Fax 3 89 47 06 99

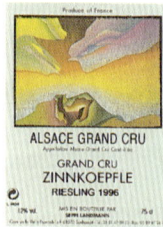

Das wichtigste Kapital
des Gutes, die Weinber-
ge, wurden bereits im
16. Jahrhundert ange-
legt. Die Weine sind
ausgesprochen trocken
ausgebaut und sehr
charaktervoll. Das »en-
fant terrible« des elsäs-
sischen Weinbaus nimmt es mit den gesetzli-
chen Bestimmungen nicht immer ganz so genau.
So gibt es bei ihm schon mal einen Silvaner, der
als Auslese ausgebaut wird, was laut Weinrecht
nicht erlaubt ist. ❶–❺

Domaine Albert Mann ★ – ★★★★

13, rue du Château, F-68920 Wettolsheim
Tel. 00 33/3 89 80 62 00, Fax 3 89 80 34 23

Seit 1989 leitet
Maurice Barthel-
me gemeinsam
mit seinem Bru-
der Jacky das 18-
ha-Gut in der
Nähe von Colmar,
das überall für
seine Weine gerühmt wird. Neben überzeugen-
den Pinot blancs ❷ und Rieslingen ❷–❺, findet
man hervorragende Gewürztraminer ❷–❺ und
Tokay Pinot gris ❷–❺.

Domaine Julien Meyer ★ – ★★★★

14, route du vin, F-67680 Nothalten
Tel. 00 33/3 88 92 60 15, Fax 3 88 92 47 75
Die ganze Palette der Weine aus dem Hause
Meyer überzeugt durch Qualität und durch ein
gutes Preis-Wert-Verhältnis. Im Weinberg wird
nach Möglichkeit biologisch gearbeitet, im Keller
dominiert eine langsame Gärung bei kontrollier-
ten Temperaturen. Patrick Meyer experimentiert
auch schon mal mit biologischem Säureabbau

und dem Einsatz von Barriques bei weißen Traubensorten. Die besten Weine des Weingutes, wie der Riesling Muenchberg ❸ oder der Pinot gris Fanny Elisabeth ❸ sind komplex und elegant.

Domaine Meyer-Fonné ★ – ★★★★
24, grand rue, F-68230 Katzenthal
Tel. 00 33/3 89 27 16 50, Fax 3 89 27 34 17

Der 1961 gegründete Familienbetrieb befindet sich nach wie vor

auf dem Weg nach oben. Der junge Felix Meyer, der seit 1992 den elterlichen Betrieb führt, hat sich längst mit frischen, eleganten Weinen in die Spitzengruppe der elsässichen Winzer vorgearbeitet. Einer seiner wichtigsten Schritte war die Ertragsreduzierung durch einen kurzen Anschnitt. Spezialität des Hauses ist der Tokay Pinot gris Hinterburg de Katzenthal Vendange Tardive ❹–❺. Wichtigste Rebsorten sind Pinot blanc ❶, Riesling ❷–❸, Gewürztraminer ❷–❹ und Tokay Pinot gris ❷–❺.

Domaine Mittnacht-Klack ★ – ★★★
8, rue des Tuileries, F-68340 Riquewihr
Tel. 00 33/3 89 47 92 54, Fax 3 89 47 89 50

Die Weinberge des Familienbetriebs sind auf fünf Gemeinden im Umland von Riquewihr verteilt. Jean und Franck Mittnacht bewirtschaften auf ihren 10 ha Reb-

fläche hauptsächlich Riesling und Gewürztraminer ❷–❺. Es gibt jedoch auch Tokay Pinot gris ❷–❺, Muscat d'Alsace ❷ sowie Edelzwicker ❶, Silvaner ❶ und Pinot noir ❷.

René Muré ★ – ★★★★
Clos Saint Landelin, F-68250 Rouffach
Tel. 00 33/3 89 78 58 00, Fax 3 89 78 58 01

René Muré gehört zu den Erfolgswinzern des Anbaugebiets. Er hat sich auf seinen 22 ha hauptsächlich auf

den Anbau von Gewürztraminer ❷–❺ und Riesling ❷–❺ spezialisiert. Seine Spitzenlage Clos Saint Landelin ist eine der ältesten Grands-crus-Lagen des Elsass. Muré setzt auf den Ausbau im Holzfass. Besonders erwähnenswert sind die Auslesen und Beerenauslesen ❹–❺.

Gérald Neumeyer ★ – ★★★
29, rue Ettore Bugatti, F-67120 Molsheim
Tel. 00 33/3 88 38 12 45, Fax 3 88 38 11 27
Die besten Weine dieses Weingutes kommen aus der Grand-cru-Lage Bruderthal, eine besonders windgeschützte Kalk-Mergel-Lage, die sich einst im Besitz der Zisterzienser befand. Die Weine reifen zum größten Teil im traditionellen Holzfass und lagern in der Regel bis Mai auf der Feinhefe. Die Rieslinge ❷ und Gewürztraminer ❷ zeigen deutliche mineralische Noten. Probierenswert auch die Spät- und Beerenauslesen mit sehr komplexen Aromen.

André Ostertag ★ – ★★★★★
87, rue Finckwiller, F-67680 Epfig
Tel. 00 33/3 88 85 51 34, Fax 3 88 85 58 95
André Ostertag gehört seit 1985 zu den Motoren des elsässischen Weinbaus, ein Qualitätsfanatiker, der aus einer Anbaufläche von 12 ha jährlich rund 80 000 Flaschen erzeugt. Die optimal ausbalancierten Weine ❷–❺ zeigen deutlich, aus welchem Terroir sie stammen, ohne die Rebsorte zu verleugnen. Zu seinen Spitzenweinen gehören der Riesling und Pinot gris Muenchberg ❹–❺, der Pinot gris Zellberg ❹–❺ und der Gewürztraminer Fronholz ❹–❺. Die edelsüßen Weine aus Riesling, Pinot gris und Gewürztraminer ❺ zählen zu den besten der Region.

Cave Vinicole de Pfaffenheim ★ – ★★★★
5, rue du Chai, F-68250 Pfaffenheim
Tel. 00 33/3 89 78 08 08, Fax 3 89 49 71 65

Die am höchsten prämierte Winzergenossenschaft Frankreichs liefert auch im unteren Preissegment überzeugende, elegante Weine. Der Ausbau der Weine erfolgt mit modernster Technik in Beton- und Edelstahltanks. Trotz der Größe dieses Unternehmens achtet Kellermeister Michel Kueney sehr genau darauf, der Individualität jeder Lage Ausdruck zu verleihen. Alle 220 Mitgliedsbetriebe lesen ihre Trauben von Hand. Die besten Trauben werden zur Cuvée Grande Réserve verarbeitet. ❷–❹

Martin Schaetzel
3, rue de la 5ième Division Blindée,
F-68770 Ammerschwihr
Tel. 00 33/3 89 47 11 39, Fax 3 89 78 29 77

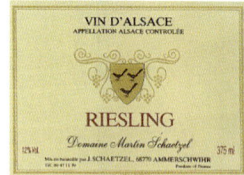

Wer nach Ammerschwihr kommt, sollte immer einen Schwenker ins Weingut Martin Schaetzel machen, und er sollte etwas Zeit zum Probieren der Weine mitbringen. Bei Jean Schaetzel geht alles etwas langsamer. Denn der Dozent für Weinbau in Rouffach gibt seinen Weinen die notwendige Zeit zum Reifen. Die Ergebnisse können sich sehen und schmecken lassen. Allein fünf verschiedene Riesling-Cuvées zeigen die ganze Bandbreite einer Rebsorte, die zwar viel Zeit braucht, am Ende aber in ihrer ganzen Größe jeden überzeugt. Zu den Spitzenweinen zählen auch die Gewürztraminer. Preis ab Hof. ❶–❺

Domaines Schlumberger
100, rue Théodore Deck, F-68500 Guebwiller
Tel. 00 33/3 89 74 27 00, Fax 3 89 74 85 75

Das größte private Weingut im Elsass verfügt über 140 ha, von denen die Hälfte als Grand-cru-Fläche klassifiziert ist und bringt jährlich 1 Millionen Flaschen auf den Markt. Schon seit 1810 konzentriert man sich bei Schlumberger auf Qualität und Spitzenweine. Vor allem die Gewürztraminer mit ihren floralen und die Rieslinge mit den mineralischen Noten zeigen das gute Terroir, auf das Schlumberger zurückgreifen kann ❷–❺. In guten Jahren glänzt das Traditionsweingut mit perfekten Süßweinen, wie der Cuvée Christine und der Cuvée Anne.

Trimbach ★ – ★★★★

15, route de Bergheim, F-68150 Ribeauvillé
Tel. 00 33/3 89 73 60 30, Fax 3 89 73 89 04

 In dem typischen kleinen Elsässichen Weinort Ribeauvillé kommt man an dem traditionsreichen Familienweingut nicht vorbei. Nicht nur in der Spitzengastronomie sind die Trimbach-Weine vertreten, schon seit Generationen gehört der Riesling-Spezialist zu den Top-Gütern des Elsass. Die kompromisslos trockenen, komplexen Gewächse mit den mineralischen Noten und den vielschichtigen Aromen haben schon fast einen legendären Ruf in der Weinwelt. Die temperaturkontrollierten Weine werden langsam vergoren und liegen einige Monate auf der Feinhefe, bevor sie auf den Markt kommen. Einzig die Spitzengewächse, wie zum Beispiel der Riesling Clos Sainte Hune ❸, der Riesling Frédéric Émile ❸, der Gewürztraminer Seigneurs de Ribeaupierre und der Pinot gris Réserve Personelle ❷ verbringen noch einige Jahre auf dem Flaschenlager, bevor sie in den Verkauf kommen. Spitze sind ebenfalls die Rotweine, auch wenn die Preise leicht über dem Durchschnitt liegen.

Cave de Turckheim ★ – ★★★★

16, rue des Tuleries, F-68230 Turckheim
Tel. 00 33/3 89 27 06 25, Fax 3 89 27 35 33
Eine beachtliche Vielfalt an Rebsorten- und Lagenweinen bietet die 1955 gegründete Winzergenossenschaft in Turckheim. Rund 250 Erzeuger gehören der Cave de Turckheim an. Die Weinbergsfläche, aus der jährlich rund 4,5 Millionen Flaschen ihren Weg zum Verbraucher finden, beträgt 350 ha. Der Ausbau der Weine erfolgt in Stahl- und Betontanks, ein Teil der Rotweine reift in Barriques. Die meist trockenen und schlanken, wenig alkoholreichen Weine der Genossenschaft, sind in erster Linie ideale Essensbegleiter und als solche auch über die Grenzen des Elsass bekannt. Die Riesling Spitzenweine ❸–❺, kommen aus den Lagen Brand und Schoenenbourg, ansonsten sind vor allem Pinot gris und Gewürztraminer aus den Lagen Brand und Hengst die Favoriten der Kundschaft. Die übrigen Preise liegen durchweg im Durchschnitt ❷–❹, für Spitzenqualitäten muss man nicht allzu tief in die Tasche greifen.

Domaine Weinbach ★ – ★★★★

Clos des Capucins, F-68240 Kaysersberg
Tel. 00 33/3 89 47 13 21, Fax 3 89 47 38 18
Aus rund 25 ha Weinbergsfläche erwirtschaftet das traditionsreiche Weingut – 1612 von Kapuziniermönchen gegründet und bis zur Französischen Revolution betrieben – jährlich rund 130 000 Flaschen besten Elsässer Weines. Eine witzige Randerscheinung, dass gerade in diesem ehemaligen Klosterbetrieb nun zwei Frauen am Ruder sind. Die beiden engagierten Winzerinnen, Mutter Colette und Tochter Laurence Faller, verzichten bewusst auf die Verwendung von Reinzuchthefen und lassen die Weine langsam in Holzfässern reifen. Die gesamte Lese erfolgt per Hand, natürlich wird in den Weinbergen auf eine künstliche Düngung verzichtet. Die Spitzenweine, vor allem Riesling Schlossberg, Pinot gris Altenbourg, Gewürztraminer Altenbourg und Gewürztraminer Furstentum ❸–❺ überzeugen durch eine enorm dichte und komplexe Art. Die langlebigen Rieslinge zeigen feine Aromen von reifen Früchten und sind gleichzeitig elegant und schlank.

Gérard Weinzorn ★ – ★★★★

133, rue des trois épis, F-68230 Niedermorschwihr

Tel. 00 33/3 89 27 18 02, Fax 3 89 27 04 23

Der kleine, relativ unbekannte Weinort Niedermorschwihr ist für Weinfreunde längst einen Abstecher wert. Denn Claude Weinzorn – welch sinniger Name für einen Winzer – zählt zu den jungen Entdeckungen der Elsässer Weinszene und zu einem wahren Könner in Sachen Weißwein. Besonders seine Rieslinge aus den Grands-crus-Lagen Brand und Sommersberg haben von sich reden gemacht. Sie verbinden auf geschmackvolle Weise Eleganz und Komplexität. Auf insgesamt 8 ha Weinbergsfläche baut der junge Weinzorn neben dem Riesling auch Pinot gris, Gewürztraminer und etwas Pinot noir an. 60 000 Flaschen verlassen jährlich den Keller. Die Preise, ❶–❹, liegen im Durchschnitt der Region, aber mit den lange lagerfähigen Weinen von Claude Weinzorn kann man sicherlich ein Schnäppchen machen.

Wolfberger ★ – ★★★★

6, grande rue, F-68420 Eguisheim

Tel. 00 33/3 89 22 20 20, Fax 3 89 79 17 37

Die Winzergenossenschaft, die vor knapp 100 Jahren gegründet wurde, verfügt heute über rund 1300 ha Weinbergsfläche, aus der jährlich 15,5 Millionen Flaschen produziert werden. Natürlich kann die Genossenschaft mit ihren riesigen Rebflächen alle Rebsorten und alle Qualitätsstufen anbieten. Die Preise liegen im elsässischen Durchschnitt und gehen von ❶–❺. Ganz besonders empfehlenswert sind jedoch der Pinot gris aus den Lagen Steingrübler und Rangen und die Rieslinge aus den Lagen Hengst, Eichberg und Florimont. Die Weine werden in der Regel bei niedrigen Temperaturen vergoren und individuell in Stahltanks oder Holzfässern meist trocken ausgebaut. Neben dem Namen Wolfberger kommen die Weine auch unter diversen Markennamen wie Château Ollwiller ❶–❸ oder Domaine Jux ❶–❸ in den Handel. Auch die Cave Vinicole de Wuenheim oder das Handelshaus Alsace Willm in Barr ist der Winzergenossenschaft angegliedert.

Domaine Zind-Humbrecht ★ – ★★★★

route de Colmar, F-68230 Turckheim

Tel. 00 33/3 89 27 02 05, Fax 3 89 27 22 58

Das 40 ha große Weingut ist ein echter Klassiker und immer wieder ein Aushängeschild für die elsässischen Weine. Geringe Hektarerträge, der Verzicht auf Chaptalisierung und die Vergärung mit ausschließlich traubeneigenen Hefen mögen ein Teil des Qualitätsrezeptes sein. Die Abfüllung wird so lange wie möglich hinausgezögert, die Spitzenweine bleiben am längsten im Fass. Die berühmtesten Weine stammen aus der südlichsten Grand-cru-Lage des Elsass, dem Clos Saint-Urbain. Die Rieslinge ❸–❺, Gewürztraminer ❸–❺ und Pinot gris ❸–❺ zeigen eine immense Komplexität, brauchen aber einige Zeit, um sich vollends zu öffnen.

Die Vinoteca-Empfehlungen

In dieser Tabelle finden Sie Weine verschiedener Preisgruppen und Qualitäten, die wir für besonders erwähnenswert erachten. Leider können wir keine Garantie dafür übernehmen, dass diese Weine noch lieferbar sind, und ihre Qualität kann von Jahr zu Jahr schwanken. Je nach dem, wo Sie die Weine kaufen, können Preisunterschiede auftreten.

Weinname	♀♀	★	❶	◤	◠
Andlau Riesling AOC, Domaine Gresser (S. 64)	frischer, einfacher Riesling, spritzig, gutes Säuregerüst	★★	❷	1 Jahr nach der Ernte, bleibt dann rund 4 Jahre frisch	Vorspeisen, deftige Speisen, Wurst und Käse
Pinot blanc, Meyer Fonnél (S. 67)	delikater Wein mit Frische und Frucht	★★★	❷	schmeckt jung am besten	Geflügel und Fleisch, gegrillter Fisch
Silvaner vieilles vignes, Heywang (S. 64)	einfacher, spritziger Wein	★★	❶	jung trinken, maximal 2 Jahre	Quiche, Flammkuchen, Zwiebelkuchen, Fischterrinen, Wurst
Pinot blanc Auxerrois, Cleebourg (S. 62)	erfrischend, fruchtig, delikat	★★★	❶	1 Jahr nach der Ernte, danach bis 3 Jahre	Soufflés, Quiches, Spargel, Meeresfrüchte, Fisch
Gewürztraminer Réserve, Cave Vinicole de Kientzheim-Kaysersberg (S. 65)	aromatisch und körperreich, intensives Bukett	★★★	❷	ein Jahr nach der Ernte, dann 3 Jahre frisch	exotische Gerichte, Fisch mit Gewürzen zubereitet, Käse
Pinot gris Grand cru, Jean Geiler (S. 65)	delikater, runder Wein mit dezenten Fruchtaromen	★★★	❷	1 Jahr nach der Ernte, bis 5 Jahre	Foie gras, Kalbs- oder Schweinebraten, Ente, Baeckeofe
Riesling Furstentum Grand cru, Paul Blanck (S. 61)	frischer Riesling, fein und spritzig	★★★★	❸	Potenzial für gut 8 Jahre	Meerestiere, helles Fleisch, Fisch, Geflügel
Gewürztraminer Furstentum Vendanges Tardives, Domaine Bott-Geyl (S. 62)	aromatischer Wein mit floralem Bukett	★★★	❸–❹	1–8 Jahre nach der Ernte	Foie gras, Fisch, Käse, Kuchen, Mousse
Pinot gris Vendanges Tardives, Léon Beyer (S. 61)	intensives Bukett, rund, frisch	★★★	❹–❺	gutes Potenzial bis 10 Jahre	Enten- und Gänsestopfleber, Desserts
Gewürztraminer Sélections de Grains Nobles, Cave Vinicole de Pfaffenheim et Gueberschwihr (S. 68)	intensive Fruchtaromen, würzig	★★★★	❺	braucht Zeit, gutes Reifepotenzial, aber schon jung ein Genuss	als Aperitif; zu Foie gras, Desserts, Kuchen

Gut einkaufen

Beim Winzer

Beim Erzeuger macht der Einkauf am meisten
Freude. Hier kann man sich nicht nur die schönsten Weine aus dem Sortiment aussuchen. Viele
Winzer sind auch gerne bereit, Ihnen den Betrieb oder ihre Weinberge zu zeigen (Voranmeldung ist in diesem Fall jedoch ratsam), mit Ihnen
zu fachsimpeln oder einfach Ihre Fragen zu beantworten.

Im Elsass können Sie im Prinzip in jedem Ort
direkt beim Erzeuger oder bei den Winzergenossenschaften einkaufen. Damit Sie nicht vor verschlossenen Türen stehen, sollten Sie sich jedoch
vorher nach den Öffnungszeiten erkundigen. Am
besten vereinbaren Sie einen festen Termin, damit man sich Ihren Wünschen auch gebührend
widmen kann.

Die Preise sind zumindest bei den bekannten
Gütern nicht unbedingt niedriger als im Fachhandel, doch bekommen Sie dort ein authentisches Bild, wo Ihr Wein gewachsen ist.

Bei kleineren Gütern oder Genossenschaften
können Sie unter Umständen ein Schnäppchen
machen, wenn Sie vor Ort einkaufen.

Vorsicht Hitzestau

Achten Sie bei einer Reise im Sommer und im
Winter darauf, Ihren gekauften Wein nicht übermäßig lange im Auto liegen zu lassen. Starke
Temperaturschwankungen sind der Qualität
nicht sonderlich zuträglich. Kaufen Sie ihn lieber
erst am Ende einer Reise, oder lagern Sie ihn an
einem geeigneten Platz zwischen.

Im Fachgeschäft

Hier gehen Sie auf Nummer sicher. Die Fachhändler sind meist auf einige Anbaugebiete
oder Länder spezialisiert und kennen ihre Ware.
Wenn Sie einen Händler gefunden haben, der
auf elsässische Weine spezialisiert ist, werden
Sie merken, dass die fachliche Betreuung hier

Bewertung der Einkaufsquellen

Ort	Sortiment	Probiermöglichkeit	Preis	Lieferservice	Beratung
Erzeuger, Genossenschaft	beschränkt auf die Gutsweine	sehr gut	entsprechend Klassifikation	ab bestimmter Menge	sehr gut
Fachgeschäft	gut bis sehr gut	je nach Angebot	je nach Schwerpunkt	kaum	gut bis sehr gut
Versender	gut bis sehr gut	nur bei Probeanforderung	durch Versandkosten etwas höher	nur Lieferservice	gut
Messe	je nach Schwerpunkt	in der Regel gut bis sehr gut	meist nur Ordermöglichkeit	keiner	sehr gut
Supermarkt	im unteren Preissegment breites Angebot	nur bei Aktionen	je nach Angebot	keiner	gering bis gut

ganz groß geschrieben wird. Auch für Sammler oder Raritätensuchende ist der Fachhandel besonders geeignet, denn wenn es um die Beschaffung seltener Weine geht, sind Sie hier an der richtigen Stelle.

Im Weinversandhandel

Weinversender sind mittlerweile über die ganze Bundesrepublik verstreut, und die georderten Weine sind in der Regel in wenigen Tagen bei Ihnen – auf Wunsch sogar über Nacht. Das Einkaufserlebnis beschränkt sich bei dieser Art des Weinkaufs jedoch lediglich auf die freudig erwartete Lieferung. Fragen Sie nach Probelieferungen, die oftmals zu einem Sonderpreis angeboten werden.

Bei Messen

Auch auf Weinmessen, die nicht ausschließlich einem Fachpublikum vorbehalten sind, können Sie elsässische Weine ordern. Achten Sie jedoch darauf, Ihre Auswahl sorgfältig zu treffen und sich nicht von einem eifrigen Verkäufer überrumpeln zu lassen. Hier gilt die Devise: kühlen Kopf bewahren.

Im Supermarkt

Mittlerweile haben Kaufhäuser und der Lebensmitteleinzelhandel in Bezug auf Wein mächtig zugelegt. Häufig gibt es kleine Vinothek-ähnliche Bereiche mit einem außergewöhnlich guten Sortiment. Wenn Sie fachkundige Beratung wünschen, werden Sie in den meisten Fällen fündig. Vor allem große Kaufhaus-Ketten legen Wert darauf, ihr Personal aus den Lebensmittelabteilungen zu schulen und sind sich des Stellenwertes der Weine bewusst.

F R A G E N   A N   D E N   V E R K Ä U F E R

Nachdem Sie dieses Buch gelesen haben, wissen Sie eine Menge über elsässische Weine; die Weingüter, die Jahrgänge, den Anbau. Folgende Fragen zum Erzeuger Ihrer Wahl und seinen Weinen sollten Sie beim Einkauf stellen.

Aus welchen Rebsorten stammt der Wein und wie hoch ist ihr jeweiliger Anteil? (S. 18–21)

Auf welchem Boden sind die Reben gewachsen und welche Auswirkung hat er auf den Wein? (S. 22–25)

Hat man die Trauben mit der Hand geerntet oder wurden sie mit der Maschine gelesen? (S. 26–27)

Wie lange lag der Wein auf der Maische und wie lange dauerte der Gärungsprozess? (S. 28–29)

Wie wurde der Wein ausgebaut: im Edelstahltank, im Holzfass, in der Barrique? (S. 28–29)

Um welche Art von Produzenten handelt es sich: Winzer oder Genossenschaft? Ist es ein Traditionsbetrieb? (S. 59–70)

War es ein außergewöhnlicher Jahrgang? (S. 36–37)

Um welche Art von Wein handelt es sich: jung, alt, leicht, schwer? Zu welchem Essen passt er am besten? (S. 56–57)

Ist der Wein zum sofortigen Genuss gedacht oder sollte er gelagert werden? (S. 36–37)

Klug einkellern: Weine aus dem Elsass

Wenn Sie sich in Ihrem Weinkeller oder -regal ein Sortiment elsässischer Weine anlegen möchten, gibt es ein paar Dinge, die Sie beachten sollten. An erster Stelle steht die Temperatur: Achten Sie darauf, dass Ihre Weine während der Lagerung keinen großen Temperaturschwankungen ausgesetzt sind. Generell gilt: Lieber das ganze Jahr über bei 18 °C gelagert, statt im Sommer bei 25 und im Winter bei 8 °C. Als idealen Wert erachtet man eine Temperatur von 10 bis 12 °C.

Planungsphase

Bevor Sie Ihre Weine kaufen, sollten Sie sich über den Stellenwert, den elsässische Weine für Sie haben und Ihr Budget im Klaren sein. Anhand unten stehender Übersicht können Sie testen, wie wichtig Ihnen die Weine sind:

	30	20	10	Punkte
Wie wichtig sind Ihnen elsässische Weine?	Ich trinke sie sehr gerne.	Sie sind mir nicht so wichtig.	Sie schmecken mir nicht.	
Haben Sie geeignete Lagermöglichkeiten?	Keller-raum	Abstell-kammer	Regal	
Wieviel Wein trinken Sie pro Woche?	über 4 Fla-schen	bis zu 4 Fla-schen	weniger als 2 Fla-schen	
Gesamtpunktzahl				

Nun können Sie die Gesamtpunktzahl mit den folgenden Beispielen vergleichen. Wir haben einige Weine für Sie zusammengestellt, die Ihnen einen kleinen Anhaltspunkt geben sollen, welche Weine man für welchen Preis bekommt. Weitere Vorschläge zu den Weinen finden Sie in unserem Kapitel über die einzelnen Weingüter, Seite 58 ff.

80–90 Punkte

Sie haben eine Faible für Spitzenweine und sollten in Ihrem Weinkeller eine eigene Elsass-Abteilung einrichten. Unser Sortimentsvorschlag:

12 Flaschen Riesling AOC ❷	DM	120,–
12 Flaschen Pinot blanc AOC ❷	DM	120,–
12 Flaschen Pinot gris AOC ❷	DM	120,–
6 Flaschen einfacher Silvaner AOC ❶	DM	50,–
6 Flaschen Gewürztraminer AOC ❷	DM	60,–
6 Flaschen Pinot noir AOC ❶	DM	50,–
6 Flaschen Riesling Grand cru ❸	DM	120,–
6 Flaschen Gewürztraminer Grand cru ❸	DM	120,–
6 Flaschen Pinot gris Vendanges Tardives ❺	DM	330,–
6 Flaschen Gewürztraminer Sélections de Grains Nobles ❺	DM	480,–
78 Flaschen	DM	1570,–

50–70 Punkte

Sie trinken elsässische Weine sehr gerne und sollten sich ein breites Sortiment anlegen. Unser Sortimentsvorschlag:

6 Flaschen Riesling AOC ❷	DM	60,–
6 Flaschen Pinot blanc AOC ❷	DM	60,–
6 Flaschen Pinot gris AOC ❷	DM	60,–
3 Flaschen Riesling Grand cru ❸	DM	60,–
3 Flaschen Pinot gris Vendanges Tardives ❺	DM	165,–
3 Flaschen Gewürztraminer Sélections de Grains Nobles ❺	DM	240,–
27 Flaschen	DM	645,–

20–40 Punkte

Für Sie haben elsässische Weine keinen außergewöhnlichen Stellenwert. Unser Sortimentsvorschlag:

6 Flaschen Pinot gris AOC ❷	DM	60,–
3 Flaschen Riesling Grand Cru ❸	DM	60,–
3 Flaschen Gewürztraminer Vendanges Tardives ❺	DM	60,–
12 Flaschen	DM	180,–

Richtig servieren

Zum Weingenuss gehört das richtige Glas. Leichte Weine sollte man aus schmalen Gläsern trinken. In ihnen gelangen die feinen Aromen gebündelt in Nase und Gaumen. Körperreiche Gewächse vertragen etwas mehr Platz im Glas, um die Aromastoffe voll zu entfalten und bevorzugen die etwas bauchigeren Varianten. Dessertweine haben ein zartes Bukett und schmecken deshalb aus kleineren Kelchen am besten. Das grünstielige Weinglas hat im Elsass Tradition, doch ist es in der Regel zu klein, um eine optimale Entfaltung der Aromen zu ermöglichen. Generell gilt: Je voluminöser ein Wein, umso größer darf das Weinglas sein.

Hier sehen Sie vier Beispiele für elsässische Weine. Links ein stilvolles Glas für fruchtige Weißweine. Ein zartes Bukett steigt aus einem schlanken Kelch besonders fein in die Nase. In der Mitte links ein einfaches Glas für weiße und rote Alltagsweine. In der Mitte rechts ein voluminöses Rotweinglas, das selbst hochwertigen Rotweinen aus dem Elsass gerecht wird. Rechts das typische, historische Elsass-Glas.

Tipp zum Spülen der Gläser

Die meisten der heute handelsüblichen Gläser können Sie getrost in die Spülmaschine stellen. Manche Erzeuger empfehlen dies sogar, da die Gefahr hier nicht so groß ist, dass ein Glas zerbricht, wie beim Spülen mit der Hand. Geben Sie möglichst wenig Reinigungsmittel in die Maschine und wischen Sie die Gläser sofort nach dem Spülgang mit einem sauberen, fusselfreien Tuch trocken. So vermeiden Sie Schlieren.

Achten Sie auf die richtige Ausschanktemperatur. Die Tabelle unten gibt Auskunft. Zu kühl ist in jedem Fall besser als zu warm. Bei Zimmertemperatur, die ja meist über 20 °C liegt, erwärmen sich die Weine im Glas rasch und die Trinktemperatur steigt schnell um einige Grade an.

  6 – 8 °C Weiß-Weine

10 – 12 °C Rosé-Weine

12 – 14 °C Rotweine

| Ein schlanker Kelch für trockene, junge Weißweine. | Ein schlanker Kelch für Alltagsweine. | Ein bauchiger Kelch für edle Rotweine. | Das typische, historische Elsass-Glas. |

B E Z U G S Q U E L L E N

Weinfach- und Weinversandgeschäfte mit gutem Elsass-Sortiment
52066 Aachen, Caves d'Aix – La Table,
Tel. 02 41/40 20 22, Fax 40 20 66
52066 Aachen, Nagel & Hofbauer
Tel. 02 41/47 01 60
76482 Baden-Baden, Les Vignes de France
Tel. 0 72 21/39 04 02
10709 Berlin, Cave de Bacchus
Tel. 0 30/8 92 20 23
10711 Berlin, Le Sommelier
Tel. 0 30/8 91 84 24
12531 Berlin, Vins de France
Tel. 0 30/65 88 01 90
33619 Bielefeld, Ehrhard Sommer,
Tel. 05 21/10 06 88, Fax 16 16 88
66130 Brebach-Fechingen, Firma Scherer,
Tel. 06 81/6 77 61 62, Fax 87 47 48
28217 Bremen, Ludwig von Kapff*,
Tel. 04 21/3 99 43 00, Fax 3 99 43 01
28217 Bremen, Reidemeister & Ulrichs,
Tel. 04 21/3 99 40, Fax 3 99 41 78
28209 Bremen, Vinum Weinhandel,
Tel. 04 21/3 47 90 94, Fax 3 49 87 86
66125 Dudweiler, Armbrust,
Tel. 06 89/7 70 11, Fax 7 76 72 11
47139 Duisburg, Bührmann Weine,
Tel. 02 03/99 10 99, Fax 9 91 09 70
85435 Erding, Caves Steines,
Tel. 0 81 22/1 82 00, Fax 4 01 68
66130 Gudingen, Kurt Burgard,
Tel. 06 81/88 00 10
20251 Hamburg, M-L Weinhandel,
Tel. 0 40/4 20 77 75, Fax 4 20 30 54
65239 Hochheim am Main, Frankhof-Kellerei,
Tel. 0 61 46/90 30, Fax 9 03 18
77677 Kehl, France Vinicole,
Tel. 0 78 51/7 40 10, Fax 7 401 11
66459 Kirkel, Firma Omlor,
Tel. 0 68 49/81 81, Fax 81 00
14467 Potsdam, In Vino,
Tel. 03 31/2 80 05 01, Fax 2 70 64 10

51580 Reichshof Wildbergerhütte, Kierdofwein Handel Import,
Tel. 0 22 97/8 30
25436 Tornesch, Hanseatisches Wein- und Sekt Kontor,
Tel. 0 41 22/50 44 33, Fax 5 10 68

A D R E S S E N   F Ü R W E I N I N F O R M A T I O N E N

Informationsstelle des Elsässer Weinverbandes
c/o & Partner GmbH
Königsallee 60 F
40212 Düsseldorf
Tel. 02 11/8 90 39 99, Fax 8 90 39 99

SOPEXA
Elsässer Weinverband
Büro Deutschland
Sternstraße 58
40479 Düsseldorf
Tel. 02 11/49 80 80, Fax 4 98 08 21

Informationsstelle der Elsässer Weine
68012 Colmar Cedex
France

Tourismusbüros der Départements
Association Départental du Tourisme du Haut-Rhin
1, rue Schlumberger
BP 337
F-68006 Colmar Cedex
Tel. 00 33/3 89 20 10 68, Fax 3 89 23 33 91

Office Départemental du Tourisme du Bas-Rhin
9, rue du Dôme
BP 53
67061 Strasbourg Cedex
Tel. 00 33/3 88 15 45 88, Fax 3 88 75 67 64

Office du Tourisme Colmar
4, rue d'Unterlinden
Tel. 00 33/3 89 20 68 92

Office du Tourisme Mulhouse
9, avenue Foch
Tel. 00 33/3 89 35 48 48

Office du Tourisme Strasbourg
17, place de la Cathédrale
Tel. 00 33/3 88 52 28 22

VERANSTALTUNGEN

Von Juli bis September feiert jeder Weinort sein
Weinfest, daneben gibt es eine ganze Reihe von
vinologischen Festivitäten und kulinarischen
Events in jedem Städtchen und Dorf entlang der
Elsässer Weinstraße.

Ende April/Anfang Mai: Schneckenfest in
Osenbach

Mai: Spargelfest in Hoerdt, große Europäische
Erzeugermesse der ökologischen Weine, Brote
und Käse in Roufach

Juni: Kugelhupffest in Ribeauvillé

August: Weinmesse in Colmar, Munsterkäsefest
in Rosheim

September: internationale Gourmetmesse
DEGUSTHA in Hagenthal-le-Bas

Oktober: Journées des la Choucroute in Colmar
– alles ums Sauerkraut, Parc des Expositions.
Wildschweinfest in Zittersheim.

Dezember: Im Elsass wird – im Gegensatz zum
übrigen Frankreich – Weihnachten groß gefeiert.
Fast in jedem Ort gibt es stimmungsvolle Weih-
nachtsmärkte mit Glühwein und Elsässer Spezialitäten. Zu Nikolaus werden »Männele« ge-
backen, Nikolausmännchen aus Hefeteig mit
Rosinen.

MUSEEN

Musée du vignoble et des vins d'Alsace
Elsässisches Weinmuseum
Château de la Confrérie St-Etienne
Kientzheim
Tel. 00 33/3 89 78 21 36
Öffnungszeiten: Juni bis Oktober von 10 bis
12 Uhr und von 14 bis 18 Uhr
Für Gruppen nach Anmeldung auch Führungen
in Deutsch

Die lieferbaren Vinoteca-Titel im Überblick

Einkaufs-Guide Wein
ISBN 3 8068 7433 6

Weinwissen
ISBN 3 8068 7434 4

Rotwein-Guide
ISBN 3 8068 7435 2

Weißwein-Guide
ISBN 3 8068 7436 0

Die Weine aus Bordeaux X
ISBN 3 8068 7437 9

Die Weine aus der Toskana
ISBN 3 8068 7438 7

Die Weine der Rioja
ISBN 3 8068 7439 5

Die Weine aus Kalifornien
ISBN 3 8068 7440 9

Die Weine aus Baden
ISBN 3 8068 7441 7

Die Weine aus dem Rheingau
ISBN 3 8068 7442 5

Prosecco & Co.
ISBN 3 8068 7443 3

Die Weine des Languedoc-Roussillon
ISBN 3 8068 7444 1

Die Weine der Pfalz
ISBN 3 8068 7480 8

Die Weine aus Rheinhessen
ISBN 3 8068 7481 6

Cava und die Weine aus Katalonien
ISBN 3 8068 7482 4

Die Weine des Piemont
ISBN 3 8068 7483 2

Die Weine aus Sizilien und Sardinien
ISBN 3 8068 7484 0

Die Weine aus Burgund
ISBN 3 8068 7485 9

Die Weine der Loire
ISBN 3 8068 7486 7

Die Weine aus Chile
ISBN 3 8068 7487 5

Champagner X
ISBN 3 8068 7488 3

Sekt
ISBN 3 8068 7489 1

Sherry & Port
ISBN 3 8068 7490 5

Die Weine aus Südtirol und dem Trentino
ISBN 3 8068 7491 3

Die Weine aus Österreich
ISBN 3 8068 7538 3

Die Weine aus dem Veneto
ISBN 3 8068 7539 1

Wein genießen
ISBN 3 8068 7540 5

Die Weine aus dem Elsass X
ISBN 3 8068 7541 3

Die Weine aus Franken
ISBN 3 8068 7542 1

Die Weine von Mosel-Saar-Ruwer
ISBN 3 8068 7543 X

Im FALKEN Verlag sind zahlreiche Titel zum Thema »Wein«
erschienen. Sie finden sie überall dort, wo es Bücher gibt.

Sie finden uns im Internet:
www.falken.de und www.vinoteca.falken.de

Dieses Buch wurde auf chlorfrei gebleichtem und
säurefreiem Papier gedruckt.

Der Text dieses Buches entspricht den Regeln der neuen deutschen
Rechtschreibung.

ISBN 3 8068 7541 3

© 2000 by FALKEN Verlag, 65527 Niedernhausen/Ts.
Die Verwertung der Texte und Bilder, auch auszugsweise, ist ohne
Zustimmung des Verlags urheberrechtswidrig und strafbar. Dies gilt
auch für Vervielfältigungen, Übersetzungen, Mikroverfilmung und
für die Verarbeitung mit elektronischen Systemen.

Umschlaggestaltung: Peter Udo Pinzer
Konzept: Dr. Gerhard Kebbel
Redaktion: Sabine Rumrich, Marion Rupp, Ingo Swoboda
Producing: Hepfinger:De[sign], Freising
Umschlagfoto: Fotografie Friedemann Rink/Susa Kleeberg, Naurod
Fotos und Illustrationen im Innenteil: R. Braucher; Faber & Partner,
Düsseldorf; FALKEN Verlag; Hotel Traube Tonbach, Baiersbronn;
Sopexa, Düsseldorf; TLC; Vinum, Daten. das internationale Weinmagazin
Karten: Ruedi d'Orsini, Freising

Die Ratschläge in diesem Buch sind von den Autoren und vom Verlag sorgfältig erwogen und geprüft, dennoch kann eine Garantie
nicht übernommen werden. Eine Haftung der Autoren bzw. des Verlags und seiner Beauftragten für Personen-, Sach- und Vermögens-
schäden ist ausgeschlossen.

Satz: sabIne vogt dtp, Freising
Litho: Lithotronic GmbH, Frankfurt am Main
Druck: Ernst Uhl, Radolfzell

817 2635 4453 6271